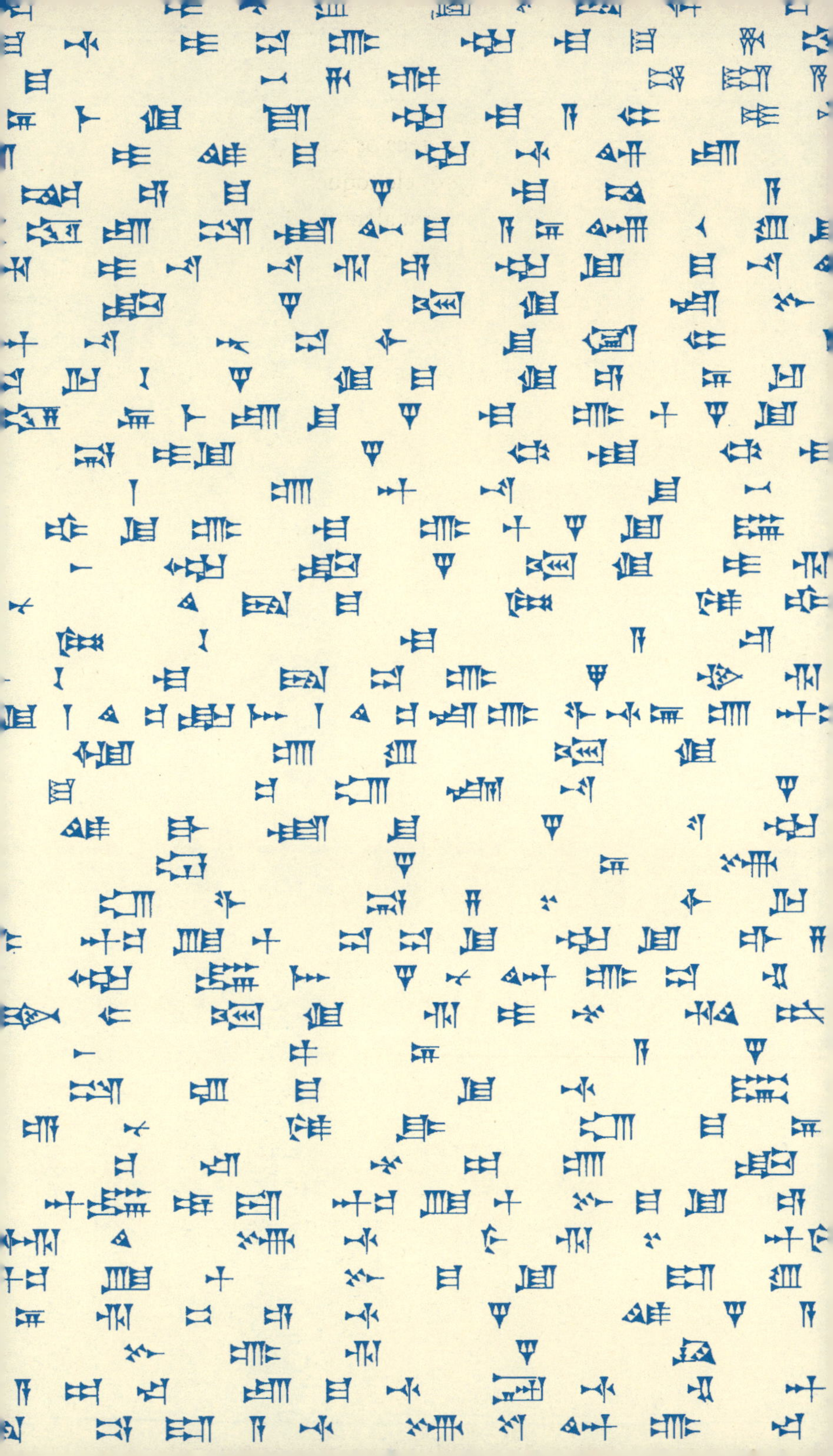

Epopeia de
GILGÁMESH

TEXTO, TRADUÇÃO E NOTAS
Jacyntho Lins Brandão

2ª reimpressão

autêntica C|L|Á|S|S|I|C|A

Copyright da tradução © 2021 Jacyntho Lins Brandão

Todos os direitos reservados pela Autêntica Editora Ltda. Nenhuma parte desta publicação poderá ser reproduzida, seja por meios mecânicos, eletrônicos, seja via cópia xerográfica, sem a autorização prévia da Editora.

Título original: *ša naqba īmuru*

EDITORAS RESPONSÁVEIS
Rejane Dias
Cecília Martins

COORDENADOR DA COLEÇÃO CLÁSSICA,
EDIÇÃO E PREPARAÇÃO
Oséias Silas Ferraz

LEITURA CRÍTICA DA TRADUÇÃO
Guilherme Gontijo Flores

REVISÃO
Lúcia Assumpção
Mariana Faria

PROJETO GRÁFICO E DIAGRAMAÇÃO
Diogo Droschi

Imagem de capa e das páginas 2, 3, 18, 20, 153, 154 e 55, por Austen Henry Layard (1817-1894).

Imagens das páginas 22, 38, 58, 88, 116, 132, por Yale University Press, 1920.

Dados Internacionais de Catalogação na Publicação (CIP)
(Câmara Brasileira do Livro, SP, Brasil)

Epopeia de Gilgámesh / texto, tradução e notas de Jacyntho Lins Brandão. – 1. ed.; 2. reimp. -- Belo Horizonte : Autêntica Editora, 2024. – (Clássica / coordenação Oséias Silas Ferraz).

Título original: *ša naqba imuru*
ISBN 978-65-88239-79-7

1.Gilgámesh 2. Poesia épica assírio-babilônica 3. Poesia épica sumeriana I. Brandão, Jacyntho Lins. II. Série.

20-47399   CDD-892.1

Índices para catálogo sistemático:
1. Gilgámesh : Literatura semítica 892.1
Aline Graziele Benitez - Bibliotecária - CRB-1/3129

Belo Horizonte
Rua Carlos Turner, 420
Silveira . 31140-520
Belo Horizonte . MG
Tel.: (55 31) 3465 4500

São Paulo
Av. Paulista, 2.073, Conjunto Nacional,
Horsa I. Salas 404-406 . Bela Vista
01311-940 . São Paulo . SP
Tel.: (55 11) 3034 4468

www.grupoautentica.com.br
SAC: atendimentoleitor@grupoautentica.com.br

A coleção Clássica

A coleção Clássica tem como objetivo publicar textos de literatura – em prosa e verso – e ensaios que, pela qualidade da escrita, aliada à importância do conteúdo, tornaram-se referência para determinado tema ou época. Assim, o conhecimento desses textos é considerado essencial para a compreensão de um momento da história e, ao mesmo tempo, a leitura é garantia de prazer. O leitor fica em dúvida se lê (ou relê) o livro porque precisa ou se precisa porque ele é prazeroso. Ou seja, o texto tornou-se "clássico".

Vários textos "clássicos" são conhecidos como uma referência, mas o acesso a eles nem sempre é fácil, pois muitos estão com suas edições esgotadas ou são inéditos no Brasil. Alguns desses textos comporão esta coleção da Autêntica Editora: livros gregos e latinos, mas também textos escritos em português, castelhano, francês, alemão, inglês e outros idiomas.

As novas traduções da coleção Clássica – assim como introduções, notas e comentários – são encomendadas a especialistas no autor ou no tema do livro. Algumas traduções antigas, de qualidade notável, serão reeditadas, com aparato crítico atual. No caso de traduções em verso, a maior parte dos textos será publicada em versão bilíngue, o original espelhado com a tradução.

Não se trata de edições "acadêmicas", embora vários de nossos colaboradores sejam professores universitários. Os livros são destinados aos leitores atentos – aqueles que sabem que a fruição de um texto demanda prazeroso esforço –, que desejam ou precisam de um texto clássico em edição acessível, bem cuidada, confiável.

Nosso propósito é publicar livros dedicados ao "desocupado leitor". Não aquele que nada faz (esse nada realiza), mas ao que, em meio a mil projetos de vida, sente a necessidade de buscar o ócio produtivo ou a produção ociosa que é a leitura, o diálogo infinito.

Oséias Silas Ferraz
[coordenador da coleção]

11   Introdução
     Jacyntho Lins Brandão

19   Siglas utilizadas nesta edição

23   **Tabuinha 1**
39   **Tabuinha 2**
51   **Tabuinha 3**
59   **Tabuinha 4**
67   **Tabuinha 5**
79   **Tabuinha 6**
89   **Tabuinha 7**
99   **Tabuinha 8**
109 **Tabuinha 9**
117 **Tabuinha 10**
133 **Tabuinha 11**

149 Índice dos nomes próprios

157 Sobre o tradutor

Para Francisco Ferreira Guadalupe

Introdução

Gilgámesh, o rei sumério de Úruk, cidade-Estado localizada no sul da Mesopotâmia (hoje no Iraque), é o protagonista de narrativas heroicas que remontam ao século XXI a.C. É provável que ele tenha de fato vivido por volta do XXVIII antes de nossa era, já que seu nome aparece, em listas dinásticas no século XXII (na época conhecida como de Ur III ou Neossuméria), como o quinto rei da era pós-diluviana. Essas listas são produto de efabulações sobre tempos remotos, tendo um valor histórico apenas relativo, mas atestam, de qualquer modo, a antiguidade das tradições relativas a Gilgámesh. Segundo elas, quem primeiro reinou depois do dilúvio foi Mesh-ki-ang-gasher, filho do deus Utu (o Sol), seu governo tendo-se estendido por 324 anos; em seguida veio seu filho Enmerkar, construtor de Unug (isto é, Úruk), que reinou durante 420 anos; depois dele foi a vez de Lugalbanda, o pastor, rei durante 1.200 anos; então assumiu o trono Dumuzid, o pescador, nele permanecendo por cem anos; chega assim a vez de Gilgámesh, cujo pai, segundo as listas, seria um espectro, exercendo ele o poder por 126 anos.

Toda essa tradição foi conservada em textos na escrita cuneiforme, inventada na Suméria, no século XXXIII a.C., de que se conservaram milhares de tabuinhas de argila, com obras que vão de poemas a tratados de adivinhação, medicina e culinária, escritos em mais de uma dezena de línguas antigas faladas em diferentes pontos do Oriente Médio, das quais as principais são o sumério e o acádio. Nessa documentação, o nome de Bilgames/Gilgámesh aparece pela primeira vez em textos do século XXVI a.C., sendo ele então considerado um deus, ao qual se faziam oferendas. Na mesma época, ele é tido também por rei e juiz no mundo subterrâneo, a Érsetu, morada dos mortos, função que continua a ser-lhe atribuída nos dois milênios seguintes. Do início do período paleobabilônico (séc. XXI a.C.), conhecemos uma inscrição que afirma que Gilgámesh reconstruiu um santuário do deus Énlil, em Níppur, enquanto uma inscrição, em sumério, feita pelo rei Anam (1821-1817 a.C.), faz referência à construção, por ele, das muralhas de Úruk.

A glorificação e a heroicização de Gilgámesh em textos literários tem início por volta do século XXI a.C., quando Shúlgi, que reinou em Ur de 2094 a 2047, lhe dedicou dois breves hinos, versando, o primeiro, sobre sua vitória sobre Enmebaragesi, rei de Kish, e o outro, sobre a famosa expedição à Floresta de Cedros. Mais ou menos da mesma época são os cinco poemas sumérios convencionalmente intitulados *Bilgames e a terra do vivo* (ou *Bilgames e Huwawa*), *Bilgames e o touro do céu*, *Bilgames e Agga*, *A morte de Bilgames* e *Bilgames, Enkídu e o mundo subterrâneo*. Cada um deles contém um relato completo sem conexão direta com os outros, configurando o que poderia ser entendido como o primeiro estágio das tradições literárias sobre Gilgámesh. Em especial, os temas de *Bilgames e a terra do vivo*, a expedição contra Huwawa (em acádio, *Humbaba*), e *Bilgames e o touro do céu*, a ofensa a Inana (em acádio

Ishtar) e a vingança da deusa, foram trabalhados como episódios dos poemas acádios que apresentam narrativas mais longas e concatenadas.

A cronologia das narrativas em acádio apresenta três fases: as versões babilônicas antigas (de entre 1800 e 1600 a.C.), as versões babilônicas médias (entre 1600 e 1000) e a versão babilônica clássica (de entre 1300 e 1200), esta última, nas épocas posteriores, tendo-se tornado a versão *standard* ou vulgata.

Da versão babilônica antiga dispomos de escassos mas significativos testemunhos que permitem conceber como deveria ser essa primeira experiência de narrativa concatenada da saga de Gilgámesh, com vários episódios. Os documentos diferem uns dos outros em termos de dimensão e do número de colunas, o que indica que devem proceder de diferentes edições do poema, os principais sendo a tabuinha hoje na Universidade de Pensilvânia, cujo colofão a descreve como a segunda de uma série intitulada *Proeminente entre os reis* (*šūtur eli šarrī*), e a tabuinha da Universidade de Yale.

A versão babilônica média do poema também parece fornecer uma sequência narrativa com vários episódios, sendo testemunhada não só em acádio como também por traduções para o hitita e o hurrita. Um importante acréscimo ao que se conhecia dela aconteceu em 2007, quando da publicação dos manuscritos achados em Ugarit, na Síria, o principal ganho tendo sido constatar que a parte do prólogo considerada anteriormente própria da versão clássica já se lia na versão babilônica média, que principia, como aquela, com as palavras "Ele que o abismo viu" (*ša naqba īmuru*).

Finalmente, a versão mais recente, atribuída ao sábio exorcista Sin-léqi-unnínni, é composta por uma série de doze tabuinhas, constituindo o ponto de chegada da matéria literária de Gilgámesh: as onze primeiras trazem a saga do rei, a décima-segunda, que não integra o fio narrativo, contendo a tradução para o acádio de parte do poema sumério *Bilgamesh, Enkídu e o mundo dos mortos*. O que dela conhecemos vem basicamente dos manuscritos encontrados na biblioteca do rei assírio Assurbanípal (669-627 a.C.), em Nínive, ou seja, de documentos datáveis antes do sétimo século, que conservaram o poema escrito cerca de meio milênio antes. Essa vulgata é que continuou a ser copiada durante todo o primeiro milênio, o último documento de que dispomos sendo do segundo século a.C.

Tudo isso mostra como a saga de Gilgámesh foi contada e recontada por nada menos que dois mil anos, num espaço que se estendia, de norte a sul, da Anatólia (hoje a Turquia) à Suméria (hoje o Iraque), e, de leste a oeste, da Pérsia (hoje o Irã) à costa do Mar Mediterrâneo, na Síria, Palestina e Egito. Nos termos de Damrosch, a saga de Gilgámesh é

> indiscutivelmente a primeira verdadeira obra da literatura mundial. *Gilgámesh* é o texto literário mais antigo, dentre os que conhecemos, a ter uma larga circulação, bem longe de sua origem babilônica, e ele é também o mais antigo texto do qual recuperamos traduções em várias línguas estrangeiras: partes de traduções do original acádio foram encontradas em hitita e hurrita – e esse "original" é ele mesmo uma extensa adaptação de um ciclo sumério de canções mais antigo. *Gilgámesh* parece, de fato, ter sido a obra literária mais popular que se escreveu no antigo Oriente Próximo; textos dele foram encontrados em não menos que quinze locais, não só por toda a Mesopotâmia, mas tão longe quanto em Hattusa, a

capital hitita onde hoje é a Turquia, e Megiddo, a cerca de cinquenta milhas ao norte de Jerusalém.[1]

***

O poema que aqui se apresenta em tradução é a versão clássica da saga de Gilgámesh, escrita em acádio, entre 1300 e 1200 a.C., pelo sábio Sin-léqi-unnínni, o seu título antigo, como é comum em obras literárias do Oriente Médio, sendo suas primeiras palavras: *Ele que o abismo viu.* Sua leitura se tornou possível desde quando, na segunda metade do século XIX, a escrita cuneiforme foi decifrada e se tornou conhecida a língua acádia, que é da mesma família do hebraico, do aramaico e do árabe.

Foi em 1872 que o assiriólogo inglês George Smith apresentou, pela primeira vez, numa conferência na Sociedade de Arqueologia Bíblica de Londres, um trecho dessa obra, a saber, a narrativa do dilúvio, que se encontra na tabuinha 11. Desde então, outras descobertas só fizeram crescer o nosso conhecimento do texto acádio de que uma nova edição crítica, preparada por Andrew George, foi publicada em 2003 pela editora da Universidade de Oxford.

É nessa edição crítica mais recente que se baseia a tradução aqui apresentada, com os acréscimos decorrentes de duas descobertas posteriores: os manuscritos de Ugarit, publicados em 2007, e o manuscrito de Suleimanyiah, identificado em 2011 pelo assiriólogo iraquiano Farouk Al-Rawi e publicado por ele próprio e por Andrew George em 2014. Esse último achado, em especial, é significativo, pois permitiu que se completasse com bastante detalhe o início e o final da tabuinha 5, em que se narra a luta

---

[1] DAMROSCH, *Scriptworlds*, p. 196.

de Gilgámesh e Enkídu contra Humbaba, o guardião da Floresta de Cedros do Líbano. Basta que se observem essas datas para se ter a perspectiva de que nosso conhecimento sobre Gilgámesh segue num ritmo crescente, sendo de esperar que novos descobrimentos permitam completar as lacunas ainda existentes nos poemas a ele dedicados.

Na presente edição das onze tabuinhas que contam a saga de Gilgámesh, as lacunas foram, na medida do possível, completadas com os testemunhos das versões antigas e médias do poema acádio. Os trechos acrescentados à versão clássica se indicam com siglas antepostas à numeração dos versos, à direita da página, o que o leitor facilmente identificará. Outros acréscimos são apresentados entre colchetes, pois se trata de conjeturas visando a completar o sentido sugerido por alguns versos fragmentados. Algumas poucas notas esclarecem, quando necessário, quem são as personagens que integram a trama.

O leitor que desejar ter informações mais detalhadas poderá consultar a tradução comentada do poema por mim preparada e publicada também pela Autêntica Editora.

Jacyntho Lins Brandão

Para saber mais

D'AGOSTINO, Franco. *Gilgameš o la conquista de la imortalidad*. Madrid: Trotta, 2007.

DAMROSCH, David. Scriptworlds: Writing Systems and the Formation of World Literature. *Modern Language Quarterly*, v. 68, n. 2, p. 195-219, 2007.

EPOPEYA de Gilgameš, Rey de Uruk. Traducción y edición de Joaquín Sanmartín. Madrid: Trotta; Barcelona: Publicacions i Edicions de la Universitat de Barcelona, 2010.

SIN-LÉQI-UNNÍNNI. *Ele que o abismo viu*: epopeia de Gilgámesh. Tradução do acádio, introdução e comentários de Jacyntho Lins Brandão. Belo Horizonte: Autêntica, 2017.

THE BABYLONIAN Gilgamesh Epic. Introduction, critical edition and cuneiform texts by Andrew R. George. Oxford: Clarendon, 2003.

THE EPIC of Gilgamesh: The Babylonian Epic Poem and Other Texts in Akkadian and Sumerian. Translated with an introduction by Andrew R. George. Londres: Penguin, 2003.

Siglas utilizadas nesta edição

Não havendo outra indicação, o texto e a numeração dos versos são os mesmos de Brandão, *Ele que o abismo viu*, p. 43-135.

Outros manuscritos citados

N manuscrito OB Nippur, edição crítica publicada por George, *The Babylonian Gilgamesh Epic*, p. 242-245.

P manuscrito da Universidade da Pensilvânia (OBII), edição crítica publicada por George, *The Babylonian Gilgamesh Epic*, p. 172-192.

Sc manuscrito OB Schoyen$_2$, edição crítica publicada por George, *The Babylonian Gilgamesh Epic*, p. 228-240.

Va manuscrito OBVA+BM, edição crítica publicada por George, *The Babylonian Gilgamesh Epic*, p. 276-286.

Y manuscrito da Universidade de Yale (OBIII), edição crítica publicada por George, *The Babylonian Gilgamesh Epic*, p. 194-216.

Epopeia de Gilgámesh

TABUINHA 1

Ele que o abismo viu

Ele que o abismo viu, o fundamento da terra,
Seus caminhos conheceu, ele sábio em tudo,
Gilgámesh que o abismo viu, o fundamento da terra,
Seus caminhos conheceu, ele sábio em tudo.

Explorou de todo os tronos, 5
De todo o saber, tudo aprendeu,
O que é secreto ele viu, e o coberto descobriu,
Trouxe isto e ensinou, o que antes do dilúvio era.

De distante rota volveu, cansado e apaziguado,
Numa estela se pôs então o seu labor por inteiro. 10
Fez a muralha de Úruk, o redil,
E o sagrado Eanna, tesouro purificado.[1]

Vê sua base: é como um fio de lã,
Repara seus parapeitos, que ninguém igualará.
Toca a escadaria, que há ali desde o início, 15

---

[1] *E-anna*, literalmente, "Casa do Céu", era o templo do deus Ánu (o Céu) em Úruk.

Aproxima-te do Eanna, residência de Ishtar,[2]
O qual nem rei futuro nem homem algum igualará.

Faze a volta, ao alto da muralha de Úruk vai,
Seu fundamento examina, os tijolos observa –
Se seus tijolos não são cozidos, 20
Se seu alicerce não cimentaram os sete sábios.[3]

Um *shar* é cidade, um *shar* é pomar, um *shar* são poços
    de argila, meio *shar* é a casa de Ishtar:
Três *sháru* e meio, a extensão de Úruk.[4]

Busca o cofre de cedro,
Rompe o ferrolho de bronze, 25
Abre a tampa do tesouro,
Levanta a tabuinha lápis-lazúli, lê
O que Gilgámesh passou, todos os seus trabalhos.

Proeminente entre os reis

Proeminente entre os reis, herói de imponente físico,
Valente rebento de Úruk, touro selvagem indomável: 30
Vai à frente, é o primeiro,
Atrás vai e protege os irmãos.

---

[2] Ishtar é uma das principais deusas da Mesopotâmia, presidindo em especial as esferas do amor e da guerra. Seu nome em sumério é *Inana*.

[3] Numa época anterior ao dilúvio, os sete sábios (em acádio, *apkallû*) foram enviados pelos deuses para civilizar a humanidade. Eles são representados numa forma não de todo humana, em geral com cabeça de peixe.

[4] *Shar* (*šār*, plural *šāru*) é uma unidade de medida neobabilônica equivalente a cerca de 2,5 quilômetros quadrados. Tendo em vista o sistema sexagesimal que era então utilizado, correspondia a 60 vezes 60, o que indicava uma cifra muito alta.

Margem firme, abrigo da tropa,
Corrente furiosa que destroça baluartes de pedra,
Amado touro de Lugalbanda, Gilgámesh perfeito
    em força,[5]   35
Cria da sublime vaca, a vaca selvagem Nínsun.[6]

Alto é Gilgámesh, perfeito, terrível:
Abriu passagens nas montanhas,
Cavou cisternas nas encostas do monte,
Atravessou o mar, o vasto oceano, até onde nasce
    Shámash,[7]   40

Palmilhou os quatro cantos, em busca da vida,
Chegou, por sua força, ao remoto Uta-napíshti,[8]
Repôs os templos arrasados pelo dilúvio,
Instituiu ritos para toda a humanidade.

Quem há que a ele se iguale em realeza   45
E como Gilgámesh diga: este sou eu, o rei?
A Gilgámesh, quando nasceu, renome lhe deram:
Dois terços ele é um deus, um terço é humano.

---

[5] Lugalbanda, rei de Úruk divinizado, que aqui é considerado o pai de Gilgámesh.

[6] A mãe de Gilgámesh é Nínsun, deusa protetora das cidades de Gudea e Lagash, filha dos deuses Anu e Uras. Seu epíteto é "Vaca-Selvagem" (*rîmat*).

[7] Shámash é o deus Sol.

[8] Uta-napíshti (cujo nome significa "ele conquistou a vida") é o herói que sobreviveu ao dilúvio, por ter construído a arca. Findo o cataclismo, ele e sua esposa foram agraciados, pelos deuses, com a imortalidade. Sua história é narrada por ele mesmo na tabuinha 11.

A efígie de seu corpo, Bélet-íli a desenhou,[9]
Realizou sua forma Nudímmud:[10]   50
Majestoso ----
E sua altura, de onze côvados é sua altura.[11]

De quatro côvados é a largura de seu peito,   53
De três côvados é seu pé, metade de uma vara é sua
    perna,[12]   56
De seis côvados é o comprimento de seu passo,
De ---- côvados são os pelos de seu rosto.

Barbudas são suas faces como as de ----,
Os tufos do cabelo, exuberantes como Níssaba,[13]   60
Pelo talhe é perfeito em seu encanto,
Pelos padrões da terra, formoso é.

Pastor de Úruk

Pelo redil de Úruk ele perambula,
Mandando como um touro selvagem altaneiro.
Não tem rival se levanta seu taco,   65
Pela bola os companheiros levantam.[14]

---

[9] Bélet-íli (*Bēlet-ili*) é a mãe dos deuses.

[10] Nudímmud, um dos nomes do deus Ea (em sumério, *Enki*), é a divindade relacionada com a sabedoria e a astúcia.

[11] O côvado (*ammatu*) equivale a cerca de meio metro.

[12] A vara (*nindanu*) corresponde, no sistema babilônico antigo, a 12 côvados (por volta de 6 m.) e, no mais recente, a 14 (por volta de 7 m.).

[13] Níssaba era a deusa relacionada com a cevada, a contabilidade e a escrita. O verso alude à imagem do grão "cabeludo" da cevada madura, sendo considerado que a deusa tinha o cabelo semelhante à cevada amarrada em grossos feixes.

[14] A alusão é a um jogo com *pukku* (uma sólida bola de madeira) e *mukkû* (um longo taco também de madeira), no qual cabia movimentar a bola com o taco. Era uma atividade muito comum em festas de casamento.

Assedia os jovens de Úruk sem razão,
Não deixa Gilgámesh filho livre a seu pai.
Dia e noite age com arrogância:
Gilgámesh rei ---- uma multidão guia. 70

Ele, o pastor de Úruk, o redil,
Não deixa Gilgámesh filha livre a sua mãe.

A criação de Enkídu

[As mulheres] logo [lamentam-se com os deuses],
Suas queixas [apresentam] diante deles:
Poderoso, magnífico, sapiente, 75
Não deixa Gilgámesh moça livre a seu noivo!

À filha do guerreiro, à esposa do jovem,
Ouviram-lhes as queixas as deusas.
Os deuses dos céus, senhores do comando,
[Disseram a Ánu]:[15] 80

Criaste agressivo touro selvagem em Úruk, o redil:
Não tem rival se levanta seu taco,
Pela bola os companheiros levantam.
Assedia os jovens de Úruk sem razão,
Não deixa Gilgámesh filho livre a seu pai, 85

Dia e noite age com arrogância.
Pastor de Úruk, o redil,
Gilgámesh rei ---- uma multidão guia.
Ele é o seu pastor e [protetor]:

---

[15] Ánu (o Céu) é o principal deus da cidade de Úruk.

Poderoso, magnífico, sapiente, 90
Não deixa Gilgámesh filha livre a sua mãe.

À filha do guerreiro, à esposa do jovem,
Ouviu-lhes as queixas Ánu.
A Arúru, grande rainha, [disse ele]:[16]

Tu, Arúru, fizeste a raça humana! 95
Agora faze o que se disse:
Que um coração tempestuoso se lhe oponha,
Rivalizem entre si e Úruk fique em paz!

Arúru, isso quando ouviu,
O dito de Ánu concebeu no coração. 100
Arúru lavou as mãos,
Pegou barro e jogou na estepe:

Na estepe a Enkídu ela criou, o guerreiro,
Filho do silêncio, rocha de Ninurta,[17]
Pelos sem corte por todo o corpo, 105
Cabelos arrumados como de mulher:

Os tufos do cabelo, exuberantes como Níssaba,
Não conhece ele gente nem pátria,
Pelado em pelo como Shákkan,[18]
Com as gazelas ele come grama, 110

---

[16] Arúru (*Arūru*) é outro nome de Bélet-íli, a mãe dos deuses. Foi ela que, usando de argila, criou a humanidade.
[17] O deus Ninurta era filho de Ea, tendo realizado muitos feitos guerreiros, como a vitória contra o monstruoso pássaro Anzu.
[18] Shákkan é o senhor dos animais, deus do gado, que se representava nu em pelo.

Com o rebanho na cacimba se aperta,
Com os animais a água lhe alegra o coração.

O caçador e Enkídu

Um caçador, homem de armadilhas,
No açude com ele deu de cara.
Um dia, um segundo, um terceiro, no açude deu com ele,   115
Viu-o o caçador, enregelou-lhe a face.

Ele e seus bichos à casa voltaram.
Aterrorizado, em silêncio, atento,
[Angustiado] seu coração, sua face como um dia sombrio;
Havia tristeza em suas entranhas,   120
À de quem chega de longe sua face se iguala.

O caçador a boca abriu para falar e disse ao pai:
Pai, há um homem que vai ao açude,
Nesta terra é ele que rija força tem,
Como uma rocha de Ánu é sua rija força.   125

Vagueia sobre os montes todo o dia,
Não para de com o gado comer grama,
Não para de deixar a pegada no açude,
Estou com medo e não chego junto dele.

Encheu os buracos que cavei eu mesmo,   130
Desatou as redes que estendi.
Tirou-me das mãos os bichos, os animais da estepe,
Não me deixa já o trabalho na estepe.

O pai abriu a boca para falar, disse ao caçador:
Meu filho, [vai a] Úruk, Gilgámesh [busca], 135
[Apresenta-te diante] dele,
Como uma rocha de Ánu é sua rija força.

Pega a rota, para o coração de Úruk volta a face,
[Sem temor] da força de um homem.
Vai, filho, contigo a meretriz Shámhat leva, 140
[Ela age] como um forte.

Quando os bichos se aproximem do açude,
Tire ela a roupa e abra seu sexo.
Ele a verá e chegará junto dela,
Estranhá-lo-á seu rebanho, ao que cresceu com ele. 145

O caçador e Gilgámesh

Ao conselho do pai [ele atendeu],
O caçador partiu [para sua jornada].
Pegou a rota, para o coração de Úruk voltou a face.
Ao rei Gilgámesh [estas palavras disse]:

Há um homem que vai ao açude, 150
Nesta terra é ele que rija força tem:
Como uma rocha de Ánu é sua rija força.

Vagueia sobre os montes todo o dia,
Não para de com o gado comer grama,
Não para de deixar a pegada no açude, 155
Estou com medo e não chego junto dele.

Encheu os buracos que cavei eu mesmo,
Desatou os laços que estendi,
Tirou-me das mãos os bichos, os animais da estepe,
Não me deixa já o trabalho na estepe.   160

Gilgámesh a ele diz, ao caçador:
Vai, caçador, contigo leva a meretriz Shámhat.
Quando os bichos se aproximem do açude,
Tire ela a roupa e abra seu sexo.

Ele a verá e chegará junto dela,   165
Estranhá-lo-á seu rebanho, ao que cresceu com ele.

Shámhat e Enkídu

Partiu o caçador, consigo levou a meretriz Shámhat.
Pegaram a rota, empreenderam a jornada.
No terceiro dia, ao lugar aprazado chegaram.
O caçador e a meretriz de tocaia sentaram-se.   170

Um dia, um segundo dia no açude sentados ficaram.
Chegou o rebanho, bebeu no açude,
Chegam os animais, a água lhes alegra o coração –
E também ele: Enkídu! Seu berço são os montes!

Com as gazelas ele come grama,   175
Com o rebanho aperta-se na cacimba,
Com os animais a água lhe alegra o coração.
E viu-o Shámhat, ao homem primevo,
Mancebo feroz do meio da estepe.

Este é ele, Shámhat! Oferece os seios! 180
Teu púbis abre e teu sexo ele toque!
Não tenhas medo, toca seu alento!
Ele te verá e chegará junto de ti:

A roupa estende, deixa-o deitar-se sobre ti,
E faze com esse primitivo o que faz uma mulher. 185
Seu desejo se excitará por ti,
Estranhá-lo-á seu rebanho, ao que cresceu com ele.

Abandonou Shámhat os vestidos,
Abriu seu púbis e ele tocou seu sexo,
Não teve ela medo, tomou seu alento, 190
A roupa estendeu, deixou-o deitar-se sobre si.

Fez com aquele primitivo o que faz uma mulher
E o desejo dele se excitou por ela.
Seis dias e sete noites Enkídu esteve ereto e inseminou
    Shámhat.

Depois de farto de seus encantos, 195
Sua face voltou para seu rebanho.
Viram-no, a Enkídu, e se puseram a correr,
Os bichos da estepe fugiram de sua figura.

Contaminara Enkídu a pureza de seu corpo.
Inertes tinha os joelhos, enquanto os bichos
    avançavam. 200
Diminuído estava Enkídu, não como antes corria.
Mas agora tinha ele entendimento, amplidão de saber.

Voltou a sentar-se aos pés da meretriz.
A meretriz – olhou ele seu rosto
E o que a meretriz fala escutam seus ouvidos – 205
A meretriz a ele diz, a Enkídu:

És bom, Enkídu, como um deus és tu!
Por que vagas com os animais pela estepe?
Vem! Levar-te-ei ao coração de Úruk, o redil,
À casa dos deuses, morada de Ánu e Ishtar, 210

Onde também está Gilgámesh, perfeito em força,
E como touro selvagem tem ele poder sobre os homens.

Ela falava e ele assentia com suas palavras,
Seu coração sagaz buscava um amigo.
Enkídu a ela diz, à meretriz: 215

Vem, Shámhat, convida-me
À casa dos deuses, morada pura de Ánu e Ishtar,
Onde também está Gilgámesh, perfeito em força,
E como touro selvagem tem ele poder sobre os homens.

Eu próprio o desafiarei ---- 220
Gritarei no coração de Úruk: Sou o mais valente!
[O seu] destino mudarei:
O na estepe nascido é valente, forte!

[Diz Shámhat:] Que o povo veja tua face,
[Onde] ele está possa eu saber! 225
Vai, Enkídu, a Úruk, o redil,
Onde os jovens cingem uma faixa,[19]

---
[19] Os jovens usavam uma faixa na cintura em competições de luta.

Todo dia ---- acontece um festival
Onde retumbam tambores
E as meretrizes têm elegante forma, 230
Enfeitadas de encantos, cheias de alegria:
Dos leitos, de noite, saem [até] os idosos!

Enkídu – aquele que não conheceu a vida!
Mostrar-te-ei Gilgámesh, um homem contente.
Olha para ele, vê sua face, 235
Pleno de virilidade, dono de poderio,

Encorpado de encantos todo o seu corpo,
Mais rija força que tu ele tem,
Insone de dia e de noite.

Enkídu, abandona teus vícios, 240
A Gilgámesh Shámash ama,
Ánu, Énlil e Ea fizeram plena sua sabedoria:[20]
Antes que viesses das montanhas,
Gilgámesh, no coração de Úruk, via-te em sonhos.

Os sonhos de Gilgámesh

Levanta-se Gilgámesh, do sonho busca o sentido,
 diz a sua mãe: 245
Mãe, um sonho vi esta noite:

Apareceram-me estrelas no céu,
Como rochas de Ánu caíam sobre mim;[21]

---

[20] Ánu, Énlil e Ea constituíam a trindade divina suprema: a Ánu cabia o céu; a Énlil, a superfície da terra; a Ea, o Apsu, o lençol de águas subterrâneas donde procedem as fontes e os rios.

[21] "Rochas de Ánu" parece aludir a uma chuva de meteoritos.

Prendi uma, era pesada para mim,
Tentava movê-la, não podia levantá-la;   250

A terra de Úruk estava em volta dela,
Toda a terra amontoada em cima dela,
Apertava-se o povo em face dela,
Os jovens acumulavam-se em volta dela,

Como a uma criancinha pequena beijavam-lhe os pés;   255
A ela amei como esposa, por ela me excitei,
Peguei-a e deixei-a a teus pés
E tu a uniste comigo.

A mãe de Gilgámesh, inteligente, sábia, tudo sabia e disse
     a seu filho,
A vaca selvagem Nínsun, inteligente, sábia, tudo sabia
     e disse a Gilgámesh: 260

Apareceram-te estrelas no céu,
Como rochas de Ánu caíam sobre ti;
Prendeste uma, era pesada para ti,
Tentavas movê-la, não podias levantá-la;

Pegaste-a e a deixaste a meus pés   265
E eu a uni contigo,
A ela amaste como uma esposa, por ela te excitaste:

Vem para ti um forte companheiro, amigo salvador,
Nesta terra é ele que rija força tem,
Como uma rocha de Ánu é sua rija força;   270
A ele amarás como uma esposa, por ele te excitarás,

Ele, forte, sempre a ti salvará.
É bom, é precioso o teu sonho!

Um segundo sonho ele viu. 273a
Levantou-se e apresentou-se diante da deusa sua mãe,
Gilgámesh a ela diz, a sua mãe: 275

De novo, mãe, vi um segundo sonho:
Numa rua da praça de Úruk,
Um machado estava jogado, diante dele uma reunião;
A terra de Úruk estava em volta dele,

Toda a terra amontoada em cima dele, 280
Apertava-se o povo em face dele,
Os jovens acumulavam-se em volta dele;
Peguei-o e deixei-o a teus pés,

A ele amei como uma esposa, por ele me excitei,
E tu o uniste comigo. 285

A mãe de Gilgámesh, inteligente, sábia, tudo sabia
  e disse a seu filho,
A vaca selvagem Nínsun, inteligente, sábia, tudo sabia
  e disse a Gilgámesh:

Filho, o machado que viste é um homem,
A ele amarás como uma esposa, por ele te excitarás,
E eu o unirei contigo; 290

Vem para ti um forte companheiro, amigo salvador,
Nesta terra é ele que rija força tem,
Como uma rocha de Ánu é sua rija força.

Gilgámesh a ela diz, a sua mãe:
Mãe, pela boca do conselheiro Énlil tal me aconteça!   295
Um amigo, um conselheiro eu ganharei,
Ganharei eu um amigo, um conselheiro!

Foi assim que viu seus sonhos.
Depois que Shámhat os sonhos de Gilgámesh contou a
    Enkídu,
Fizeram amor os dois.   300

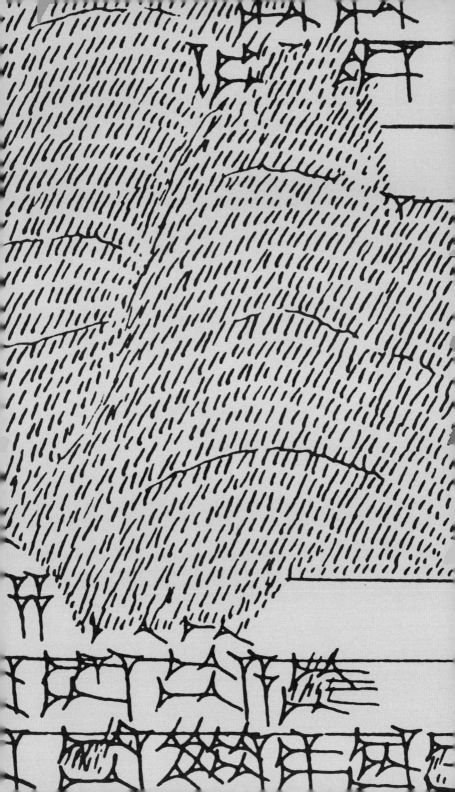

TABUINHA 2

Enkídu e os pastores

Enkídu estava assentado diante dela ----   1
A meretriz sua boca abriu e disse a Enkídu: P 51

Olho-te, Enkídu,
Como um deus és tu.
Por que com os animais
Vagas pela estepe?   P 55

Vem, conduzir-te-ei
Ao coração da praça de Úruk,
À casa pura, morada de Ánu.

Enkídu, levanta-te, conduzir-te-ei
Ao Eanna, morada de Ánu,   P 60
Onde realizam grandes obras.
E tu, como homem,
Ficarás lá tu mesmo.

Familiar és à terra   P 65
Morada do pastor.

Ouviu ele suas palavras, consentiu com sua fala,
O conselho da mulher
Caiu-lhe no coração.

Shámhat [suas vestes despiu], 33
Uma parte das vestes ela própria [vestiu],
E das vestes a outra parte nele vestiu. 35
Pegou-o e como a um dos deuses conduziu
À cabana dos pastores, o cercado dos animais.

O bando de pastores ajuntou-se em volta dele
Por seu entendimento e por si mesmos [dizem]:
O jovem a Gilgámesh se parece em estatura, 40
Estatura elevada como ameia orgulhosa.

Quiçá nasceu nos montes:
Como uma rocha de Ánu é sua poderosa força!

Pão puseram diante dele,
Cerveja puseram diante dele. 45
Não comeu pão Enkídu, fixou os olhos tão logo o viu:
Comer pão não aprendera,
Beber cerveja não sabia.

A meretriz a ele diz, a Enkídu:
Come pão, Enkídu, P 96
Signo de vida,
Cerveja bebe, signo desta terra!

Comeu pão Enkídu
Até saciar-se; P 100
Cerveja bebeu:
Sete jarros.

Relaxou a gravidade, pôs-se a cantar,
Dilatou o coração,
Sua face iluminou-se. P 105

Ocupou-se um barbeiro
De seu peludo corpo.
Com óleo ungiu-se,
Humano tornou-se.

Vestimenta vestiu, P 110
Como um guerreiro estava.
Pegou as armas,
Leões atacou.

Deitando-se os pastores à noite,
Seu sagaz coração [o conduzia]: 59
Matou lobos e leões afugentou. 60

Dormiam os chefes dos zagais,
Enkídu era seu zagal, homem desperto.

As bodas de Úruk

Um jovem [foi chamado] para uma boda [em Úruk],
Ao coração de Úruk, o redil, para [a boda ele ia].
O jovem a boca abriu P 147
E disse a Enkídu:

Para festa de bodas convidaram-me.
Fado das gentes P 150
É tomar esposa!
À mesa de oferendas prodigalizei
Comidas de festas de bodas desejáveis.

Ao rei da praça de Úruk
Aberta será a rede das gentes para o que escolhe, P 155
A Gilgámesh, rei da praça de Úruk,
Aberta será a rede das gentes
Para o que escolhe:

A noiva prometida ele insemina,
Ele antes, P 160
O marido depois.

Por decisão de deus foi isso ordenado:
Quando cortado lhe foi o cordão umbilical
Foi-lhe ela destinada.

Às palavras do moço, P 165
Empalideceu de Enkídu o rosto.
Foi-se Enkídu, P 175
E Shámkat, depois dele,[22]
Entrou no coração da praça de Úruk.

Estava numa rua de Úruk, o redil, 100
Agitou sua força ----
Bloqueou a passagem de Gilgámesh.

A terra de Úruk estava em volta dele,
Toda a terra amontoada em cima dele,
Apertava-se o povo em face dele, 105
Os jovens acumulavam-se em volta dele,
Como a uma criancinha pequena beijavam-lhe os pés.

---

[22] Shámkat é outro nome de Shámhat.

Então um jovem [lhe disse]:
Para Ishara uma cama [foi posta].²³   109
Gilgámesh, com a moça,   P 198
À noite encontrar-se-á.

Para Gilgámesh, como um deus, um substituto
    designaram.   110
Enkídu a porta da câmara nupcial obstruiu com os pés,
A Gilgámesh a entrada não permitiu.

E se pegaram à porta da câmara nupcial,
Na rua brigaram, a principal daquela terra,
O batente abalaram, o muro balançaram.   115

Como um touro arquearam-se,   P224
O batente abalaram,   P 225
O muro balançaram.
Gilgámesh ajoelhou,
Na terra tendo o pé.

Acalmou sua raiva
E deu-lhe as costas.   P 230
Depois de as costas dar-lhe,
Enkídu a ele
Disse, a Gilgámesh:

Como a alguém único tua mãe
Pariu-te,   P 235
A vaca selvagem do redil,
Nínsunna.²⁴

---

²³ Ishara é um outro nome de Ishtar, deusa do sexo.
²⁴ Nínsunna é variante de Nínsun, a deusa que é mãe de Gilgámesh.

Exaltado sobre os guerreiros és tu,
A realeza sobre as gentes
Por fado deu-te Énlil. P 240

* * *

O plano da expedição contra Humbaba

[Gigámesh a sua mãe diz]:
Nesta terra é ele que rija força tem, 162
Como uma rocha de Ánu é sua poderosa força,
Estatura elevada como ameia orgulhosa.

A mãe de Gilgámesh a boca abriu para falar, 165
Diz a seu filho,
A vaca selvagem Nínsun a boca abriu para falar, diz a seu filho:
Meu filho,

Com amargor ----
Pegaste ---- 172
Na porta dele ----
Com amargor geme ----

Não tem Enkídu [nem pai nem mãe]. 175
Soltos os cabelos ----
Na estepe nasceu e ninguém [tem por irmão].

Estava ali Enkídu, ouviu-a falar,
Meditou e sentado chorou;
Os olhos encheu de lágrimas, 180
Os braços afrouxou, a força [esvaiu-lhe].

[Deram-se] as mãos como [amigos].
Gilgámesh [abriu sua boca para falar],
A Enkídu uma palavra disse: 185

Por quê, amigo meu, encheste teus olhos de lágrimas?
Teus braços afrouxaste, a força [esvaiu-te]?

Enkídu a ele diz, a Gilgámesh:
Amigo meu, meu coração pena ----
Pelas lágrimas me enfraquecem ----   190
Cresce o medo em meu coração.

Gilgámesh sua boca abriu   Y 89
E disse a Enkídu: Y 90
---- A Huwawa belicoso,[25]   Y 97
Matemo-lo!
Seu poder desapareça!

Na Floresta de Cedros   Y 100
Onde Huwawa vive,
Assustá-lo-emos,
Em sua morada!

Enkídu sua boca abriu,
Disse a Gilgámesh: Y 105
Conheci-o, amigo meu, na montanha,
Quando vagava com o rebanho.

Por seis léguas, selvagem é a floresta.

---

[25] Huwawa ou Humbaba era o guardião monstruoso da Floresta de Cedros, localizada no Líbano.

Quem há que se aventure em seu coração?
Huwawa, sua voz é o dilúvio! Y 110
Sua fala é fogo,
Seu alento é morte!

Por que desejas
Isso fazer?
Batalha invencível Y 115
É a cilada de Huwawa!

Gilgámesh sua boca abriu,
Disse a Enkídu:
Da floresta, amigo meu, subirei a montanha!

Enkídu abriu a boca para falar, disse a Gilgámesh: 216
Como iríamos, amigo meu, à Floresta de Cedros?
A fim de deixar intactos os cedros, 218ª
Para terror do povo o fez Énlil. 219ª

Nessa estrada não há quem caminhe, 218ᵇ
Este homem não há quem olhe! 219ᵇ
Do guardião da Floresta de Cedros [a força é] muito
    grande, 220
Humbaba, sua voz é o dilúvio!

Sua fala é fogo, seu alento é morte!
Ele ouve a sessenta léguas um murmúrio da floresta.[26]
Quem é que irá à sua floresta?
Ádad é o primeiro, mas ele o segundo:[27] 225

---

[26] O que traduzo por "légua" é o termo acádio *bēru*, unidade de medida babilônica de distância e de tempo, correspondente a em torno de onze quilômetros e a duas horas, respectivamente.

[27] Ádad é o deus da tempestade e dos fenômenos atmosféricos em geral.

Quem é que se oporá a ele dentre os Igígi?[28]
A fim de deixar intactos os cedros,
Para terror do povo o fez Énlil.
Se vai alguém à sua floresta, fraqueza a ele assalta.

Gilgámesh a boca abriu para falar, disse a Enkídu: 230
Vem, [amigo meu].
Por quê, amigo meu, como um fraco falaste?
Com essa boca sem freio zangaste meu coração!

Do homem os dias são contados,
Tudo que ele faça é vento. 235

---- não existe ----
Nasceste e cresceste na estepe:
Temem-te os leões, tudo experimentaste
E os jovens ficam fracos diante de ti.
Teu sagaz coração a batalha provou. 240

A fabricação das armas

Vem, amigo meu, para a fornalha ----
Machadinhas eles forjem em face de nós. Y 162

Ajuntaram-se, aos forjadores apresentaram-se, Y 163
Estavam assentados e trocavam impressões ---- 247
Um machado moldemos ----
Machadinhas de sete talentos ----[29]

---

[28] Os *Igīgi* são deuses que habitam o céu.
[29] Um talento (*biltum*) é igual a 60 minas (*manûm*), a mina equivalendo a cerca de 500 gramas – logo, um talento equivale a mais ou menos 30 quilos.

Suas espadas, de sete talentos. 250
Seus cinturões eram de um talento. 252
Cinturões de ----

A assembleia de Úruk

As portas de Úruk, as sete, trancou. Y 172
A assembleia convocou, a multidão reuniu.
[Reunidos todos] na rua da praça de Úruk,
[Sentou-se] em seu trono Gilgámesh. Y 175

Na rua da praça de Úruk,
A multidão sentou-se em face dele:

Ouvi-me, jovens de Úruk, o redil, 260
Jovens de Úruk, sagaz [é meu coração].
Sou ousado a ponto de percorrer o longo caminho até
    Humbaba.
Uma refrega que não conheço enfrentarei,

Em jornada que não conheço embarcarei:
Dai-me vossa benção e que ir eu possa, 265
Que vossa face eu reveja e salvo esteja,
E adentre a porta de Úruk, alegre o coração!

Possa retornar e o *akítu* duas vezes ao ano celebrar,[30]
Possa o *akítu* duas vezes ao ano celebrar!

---

[30] *Akītu* era um festival de ano novo (*rēš šattim*), cujo registro mais antigo é o de Ur, onde se celebrava a cada seis meses: no primeiro (*Nissannu*, março-abril) e no sétimo (*Tašrītu*, setembro-outubro). Em outras cidades, adaptava-se aos calendários locais, acontecendo também duas vezes ao ano. Em Úruk era dedicado ao deus Ánu.

O *akítu* tenha lugar e o festival se faça, 270
Os tambores sejam percutidos diante da vaca selvagem
    Nínsun!

Enkídu aos anciãos conselhos deu,
Aos jovens de Úruk, sagaz [lhes diz]:
Dizei-lhe que não vá à Floresta de Cedros,
Nessa estrada não há quem caminhe, 275

Este homem não há quem olhe!
Do guardião da Floresta de Cedros [a força é]
    muito grande.
[Humbaba, sua voz é o dilúvio,]
Sua fala é fogo, seu alento é morte!

Ele ouve a sessenta léguas um murmúrio da floresta. 280
Quem é que irá à sua floresta?
Ádad é o primeiro, mas ele o segundo:
Quem é que se oporá a ele dentre os Igígi?

A fim de deixar intactos os cedros,
Para terror do povo o fez Énlil. 285
Se vai alguém à sua floresta, fraqueza a este assalta.

Levantaram-se e ponderaram os principais,
Uma ponderação destinou um deles a Gilgámesh:
És jovem, Gilgámesh, teu coração te impulsiona,
Isso que julgas não conheces. 290

Humbaba, sua voz é o dilúvio,
Sua fala é fogo, seu alento é morte!
Ele ouve a sessenta léguas um murmúrio da floresta,
Se vai alguém à sua floresta, fraqueza a este assalta.

Quem é que irá à sua floresta? 295
Quem é que se oporá a ele dentre os Igígi?
Ádad é o primeiro, mas ele o segundo:
A fim de deixar intactos os cedros,
Para terror do povo o fez Énlil.

Ouviu Gilgámesh as palavras ditas por um dos principais. 300
Olhou [com um sorriso para] Enkídu.
[Disseram os principais a Gilgámesh:]

TABUINHA 3

Os votos da assembleia de Úruk

Ao cais de Úruk chegues são e salvo! 1
Não confies, Gilgámesh, em toda tua força!
Teus olhos se fartem, no ataque confia!
Quem vai à frente ao companheiro salva,

Quem o caminho conhece a seu amigo protege: 5
Que vá Enkídu a tua frente,
O caminho ele sabe da Floresta de Cedros,
Em combates treinado, em refregas experto;

Que Enkídu ao amigo envolva, ao companheiro conserve,
Para as esposas o teu corpo de volta traga; 10
Nesta assembleia confiamos-te o rei,
Fá-lo retornar e confia-nos o rei!

A prece de Nínsun

Gilgámesh abriu a boca para falar,
disse a Enkídu:

Vem, amigo, vamos ao templo de Nínsun, 15
À face de Nínsun, grande rainha,

Nínsun inteligente, sábia, tudo sabe,
Passos calculados disporá para nossos pés.

E deram-se as mãos, a mão de um na do outro,
Gilgámesh e Enkídu foram ao templo de Nínsun. 20
À face de Nínsun, grande rainha,
Gilgámesh ergueu-se, entrou em face da deusa sua mãe.
Gilgámesh a ela diz, a Nínsun:

Nínsun, sou ousado a ponto de percorrer
O longo caminho até Humbaba. 25
Uma refrega que não conheço enfrentarei,
Em jornada que não conheço embarcarei.

Dá-me tua bênção e que ir eu possa!
Que tua face eu reveja e salvo esteja,
E adentre a porta de Úruk, alegre o coração! 30
Possa retornar e o *akítu* duas vezes ao ano celebrar,

Possa o *akítu* duas vezes ao ano celebrar!
O *akítu* tenha lugar e o festival se faça,
Os tambores sejam percutidos diante de ti!

A vaca selvagem Nínsun as palavras de Gilgámesh,
    filho seu, 35
E de Enkídu em aflição ouviu.
À casa do banho lustral sete vezes foi,
Purificou-se com água de tamarisco e ervas,

[Vestiu] uma bela veste, adorno de seu corpo,
[Uma joia pôs], adorno de seus seios, 40
[Foi-se com seu barrete] posto e com sua tiara coroada.
[Limpavam] as prostitutas o chão empoeirado.

Galgou as escadas, subiu ao terraço,
Subindo ao terraço, em face de Shámash incenso pôs,
Pôs a oferenda em face de Shámash, seus braços alçou: 45

Por que pôr em meu filho Gilgámesh o coração sem
    sossego que lhe deste?
Agora o tocaste e ele percorrerá
O longo caminho até Humbaba.
Uma refrega que não conhece enfrentará,
Em fogo que não conhece embarcará. 50

Até o dia em que ele vá e volte,
Até que atinja a Floresta de Cedros,
Até que o feroz Humbaba ele mate,
E essa coisa ruim que detestas desapareça da terra,

De dia, quando tu os limites [da terra atravessas], 55
Ela, Aia, não te tema, Aia, a esposa, te lembre:[31]
Este aos guardas da noite confia,
Ao lusco-fusco ----

Abriste, Shámash, [as portas] para a saída do rebanho, 63
Para [o dia] saíste sobre a terra,
As montanhas [iluminaram-se], brilharam os céus, 65
Os bichos da estepe [viram] tua luz vermelha.

Para ---- tua cabeça, 71
Para [tua luz] a multidão se reúne,
Os Anunnákki em tua luz prestam atenção.[32]
Ela, Aia, não te tema, Aia, a esposa, te lembre:

---

[31] Aia, a Aurora, é a esposa de Shámash (o Sol).
[32] Os Anunnákki fazem parte dos chamados grandes deuses, sendo divindades ctônicas que habitam no mundo dos mortos.

Este aos guardas da noite confia, 75
A estrada que ----
Até que Gilgámesh vá à Floresta de Cedros, 81
Sejam longos os dias, sejam curtas as noites.

Esteja cingida sua cintura, sejam largos seus passos,
Para a noite, que ele acampe ao entardecer,
Ao entardecer ---- ele durma. 85
Ela, Aia, não te tema, Aia, a esposa, te lembre:

No dia em que Gilgámesh, Enkídu e Humbaba meçam
    forças,
Incita, Shámash, contra Humbaba os grandes ventos,
Vento sul, norte, do levante, do poente – ventania,
    vendaval,
Temporal, tempestade, tufão, redemoinho, 90

Vento frio, tormenta, furacão:
Os treze ventos se alcem, de Humbaba escureçam a face,
E a arma de Gilgámesh a Humbaba alcance!
Depois de teus próprios [fogos] acesos,

Nesta hora, Shámash, a teu devoto volta a face! 95
Tuas mulas ligeiras [transportem] a ti,
Um assento tranquilo, um leito, se te forneça,
Os deuses, teus irmãos, manjares [agradáveis] te tragam,
Aia, a esposa, com a limpa bainha de seu manto tua face
    enxugue!

A vaca selvagem Nínsun repetiu diante de Shámash seu
    comando: 100
Shámash, Gilgámesh aos deuses não [se iguala]?

Contigo os céus não compartilhará?
Com Sin não compartilhará o cetro?[33]

Com Ea, que habita o Apsu, não será sábio?[34]
Com Írnina o povo de cabeças negras não
    dominará?[35]   105
Com Ningíshzida o lugar sem retorno não habitará?[36]

Fa-lo-ei, Shámash ----
Para não [alcançar], para não [alcançar] a Floresta de Cedros,
---- para não alcançar,
---- tua grande divindade.   110

Depois que a vaca selvagem Nínsun a Shámash reforçou
    o encargo,   116
A vaca selvagem Nínsun, inteligente, sábia, tudo sabia,
[Mãe de] Gilgámesh ----
Apagou ela a oferenda de incenso [e do terraço desceu].

A adoção de Enkídu por Nínsun

[Nínsun] a Enkídu chamou e proferiu-lhe o comando: 120
Forte Enkídu, não saíste de minha vagina!
Agora tua raça estará com os oblatos de Gilgámesh,
As sacerdotisas, as consagradas e as hierodulas.

---

[33] Sin (*Sîn*) é o deus Lua (um deus masculino).
[34] *Apsû* é o abismo de águas debaixo da terra, donde procedem as fontes e os rios.
[35] *Irnina* ou *Irnini* é mais conhecida como um aspecto bélico de Ishtar, mas há referências também a uma deusa Írnina, de caráter ctônico. "Povo de cabeças negras" é uma fórmula usual, que pode indicar tanto a humanidade quanto, em particular, os povos babilônicos.
[36] Ningíshzida é outro deus ctônico, camareiro (*guzalû*) do mundo dos mortos. Todas essas referências apontam para o papel que Gilgámesh assumirá como juiz dos mortos.

Uma marca ela impôs no pescoço de Enkídu.
A sacerdotisa adotou o exposto 125
E as filhas dos deuses criaram o noviço:

Eu própria, a Enkídu, que amo, adotei como filho,
A Enkídu, como irmão, Gilgámesh favoreça!
Quando vás com Gilgámesh à Floresta de Cedros, 131
Sejam longos os dias, sejam curtas as noites.

Esteja cingida tua cintura, sejam largos teus passos.
Para a noite, que acampes ao entardecer,
[E a Gilgámesh na jornada] protejas. 135

* * *

Pela palavra de Shámash atingirás tua meta, 166
Na Porta de Marduk ----
No seio das águas ----
Na Porta de Cedro ---- 170

Gilgámesh ----
E Enkídu ----
Que às vinte léguas partais o pão ----

* * *

A assembleia de Úruk

[Gilgámesh à assembleia comanda:]
Até o dia em que vamos e voltemos, 202
Até que atinjamos a Floresta de Cedros,
Até que o feroz Humbaba matemos,
E o coisa ruim que Shámash detesta façamos desaparecer
    da terra, 205

Não adquirais ---- 207
Aos jovens na rua não reúnam [os governantes],
O julgamento do fraco julgai, buscai ----
Até que, como criança pequena, atinjamos nossa meta, 210
Até que no portal de Humbaba implantemos nossas armas!

Estavam lá seus governantes, saudavam-no,
Reunidos, os jovens de Úruk corriam atrás dele,
E seus governantes beijavam-lhe os pés:
Ao cais de Úruk chegues são e salvo! 215

Não confies, Gilgámesh, em toda tua força!
Teus olhos se fartem, no ataque confia!
Quem vai à frente o companheiro salva,
Quem o caminho conhece seu amigo protege.

Que vá Enkídu à tua frente, 220
O caminho ele sabe da Floresta de Cedros,
Em combates treinado, em refregas experto,
Nas passagens das montanhas [já antes caminhou].

Que Enkídu ao amigo envolva, ao companheiro conserve,
Para as esposas o seu corpo de volta traga: 225
Nesta assembleia confiamos-te o rei,
Fá-lo retornar e confia-nos o rei!

Enkídu abriu a boca para falar,
disse a Gilgámesh:
Meu amigo, volta atrás ---- 230
Uma jornada não ----

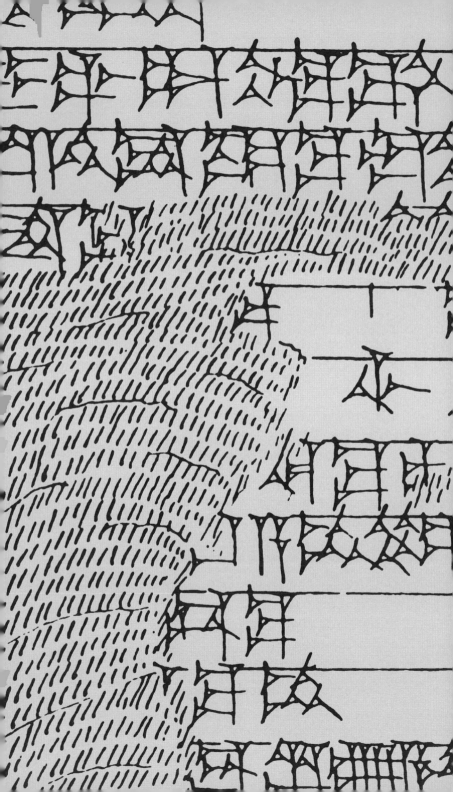

TABUINHA 4

Primeira etapa da jornada

Às vinte léguas partiram o pão, 1
Às trinta léguas estenderam a tenda,
Cinquenta léguas andaram o dia inteiro:
Jornada de mês e meio ao terceiro dia, chegaram perto do
    Monte Líbano.

Em face de Shámash cavaram uma cisterna, 5
Água ---- puseram em ----
Foi Gilgámesh ao topo da montanha,
Farinha ofertou aos montes:
Montanha, ordena-me um sonho, mensagem boa eu veja!

E fez-lhe Enkídu, para ele, uma casa de sonhos, 10
Uma porta contra o vendaval fixou em sua entrada
E fê-lo dormir num círculo ---- desenhado,
E ele mesmo, como uma rede ---- deitou-se em sua entrada.

Gilgámesh nos joelhos apoiou o queixo,
O sono que se derrama sobre as gentes nele caiu. 15
Na noite profunda, de sonhar terminou,
Levantou-se e disse a seu amigo:

Amigo meu, não me chamaste, por que estou desperto?
Não me tocaste, por que estou angustiado?
Não passou um deus, por que está atordoado meu corpo? 20

Amigo meu, vi um sonho,
E o sonho que vi, de todo atordoante:
No vale de um monte [eu sustentava a montanha]
O monte caiu [sobre mim],
E nós, como ---- 25

O nascido na estepe um conselho deu,
Falou Enkídu a seu amigo, seu sonho explicou-lhe:
Amigo meu, propício é teu sonho, bom ----
O sonho é soberbo! ----

Amigo meu, a montanha que viste [é Humbaba]. 30
Capturaremos Humbaba, matá-lo-emos,
Seu cadáver no chão metê-lo-emos
E de manhã uma mensagem de Shámash propícia veremos.

Segunda etapa da jornada

Às vinte léguas partiram o pão,
Às trinta léguas estenderam a tenda, 35
Cinquenta léguas andaram o dia inteiro:
Jornada de mês e meio ao terceiro dia, chegaram perto do
    Monte Líbano.

Em face de Shámash cavaram uma cisterna,
Água ---- puseram em ----
Foi Gilgámesh ao topo da montanha, 40

Farinha ofertou aos montes:
Montanha, ordena-me um sonho, mensagem boa eu veja!

E fez-lhe Enkídu, para ele, uma casa de sonhos,
Uma porta contra o vendaval fixou em sua entrada
E fê-lo dormir num círculo ---- desenhado, 45
E ele mesmo, como uma rede ---- deitou-se em sua entrada.

Gilgámesh nos joelhos apoiou o queixo,
O sono que se derrama sobre as gentes nele caiu.
Na noite profunda, de sonhar terminou,
Levantou-se e disse a seu amigo: 50

Amigo meu, não me chamaste, por que estou desperto?
Não me tocaste, por que estou angustiado?
Não passou um deus, por que está atordoado meu corpo?

Amigo meu, vi outro sonho,
E o sonho que vi, de todo atordoante: 55
Com meus ombros eu sustentava uma montanha, Sc 5
A montanha caiu sobre mim e me enterrou,

A minhas pernas prendia o terror,
A meus braços fortalecia um resplendor.
Um homem, vestido com manto,
Nesta terra resplandecia, em beleza destacando-se. Sc 10

Pegou a parte superior de meu braço,
De debaixo da montanha tirou-me.

Enkídu o sonho explicou, disse a Gilgámesh:
Por acaso, amigo meu, aquele a quem vamos

Não é uma montanha, algo estranho?   Sc 15
Por acaso, Huwawa, a quem vamos, não é uma montanha,
    algo estranho?
E de manhã uma mensagem de Shámash propícia veremos. 78

Terceira etapa da jornada

Às vinte léguas partiram o pão,
Às trinta léguas estenderam a tenda,   80
Cinquenta léguas andaram o dia inteiro:
Jornada de mês e meio ao terceiro dia, chegaram perto do
    Monte Líbano.

Em face de Shámash cavaram uma cisterna,
Água ---- puseram em ----
Foi Gilgámesh ao topo da montanha,   85
Farinha ofertou aos montes:
Montanha, ordena-me um sonho, mensagem boa eu veja!

E fez-lhe Enkídu, para ele, uma casa de sonhos,
Uma porta contra o vendaval fixou em sua entrada
E fê-lo dormir num círculo ---- desenhado,   90
E ele mesmo, como uma rede ---- deitou-se em sua entrada.

Gilgámesh nos joelhos apoiou o queixo,
O sono que se derrama sobre as gentes nele caiu.
Na noite profunda, de sonhar terminou,
Levantou-se e disse a seu amigo: 95

Amigo meu, não me chamaste, por que estou desperto?
Não me tocaste, por que estou angustiado?
Não passou um deus, por que está atordoado meu corpo?

Amigo meu, vi um terceiro sonho,
E o sonho que vi, de todo atordoante: 100
Bramaram os céus, a terra rugiu,
O dia declinou, saiu a treva,

Raio raiou, fulgiu o fogo,
Chamas subiam, chovia morte;
Turvou-se o brilho, findou o fogo, 105
Foi-se apagando, acabou carvão.

Tu que nasceste na estepe, examinar isso podemos?
Ouviu Enkídu a fala do amigo, o sonho interpreta-lhe,
    diz a Gilgámesh:
Amigo meu, propício é teu sonho, bom ----

Quarta etapa da jornada

Às vinte léguas partiram o pão, 120
Às trinta léguas estenderam a tenda,
Cinquenta léguas andaram o dia inteiro:
Jornada de mês e meio ao terceiro dia,
Chegaram perto do Monte Líbano.

Em face de Shámash cavaram uma cisterna, 125
Água ---- puseram em ----
Foi Gilgámesh ao topo da montanha,
Farinha ofertou aos montes:
Montanha, ordena-me um sonho, mensagem boa eu veja!

E fez-lhe Enkídu, para ele, uma casa de sonhos, 130
Uma porta contra o vendaval fixou em sua entrada
E fê-lo dormir num círculo ---- desenhado,
E ele mesmo, como uma rede, ---- deitou-se em sua entrada.

Gilgámesh nos joelhos apoiou o queixo,
O sono que se derrama sobre as gentes nele caiu. 135
Na noite profunda, de sonhar terminou,
Levantou-se e disse a seu amigo:

Amigo meu, não me chamaste, por que estou desperto?
Não me tocaste, por que estou angustiado?
Não passou um deus, por que está atordoado meu corpo? 140

Amigo meu, vi um sonho,
E o sonho que vi, de todo atordoante,
Amigo meu, vi um quarto sonho, N 9
Ele supera meus outros três: N 10

Vi um Anzu no céu,[37]
Elevava-se como nuvem, planando sobre nós.
Era ele [amedrontador], estranha sua face,
Sua boca era fogo, seu alento, morte.

Um homem de inusual aparência N 15
Estava ele ---- em minha noite.
Suas asas [agarrou], pegou-me o braço,
Lançou-o ---- no solo em face de mim.

[Falou Enkídu a seu amigo, seu sonho explicou-lhe:]
Amigo meu, propício é teu sonho, bom ---- 155
[Viste um Anzu no céu]
Elevava-se como nuvem, planando sobre nós. N 1'

Era ele [amedrontador], estranha sua face,
Sua boca era fogo, seu alento, morte.

---

[37] *Anzû* é uma ave de rapina divina, o pássaro-tempestade, com cabeça de leão. Sua imagem costumava ser colocada nas portas com função apotropaica.

Seu resplendor temeste tu,
---- seu pé, far-te-ei elevar, eu. N 5'

O homem que viste é o forte Shámash ----
---- Humbaba como um deus ---- 157
---- acenderá ---- sobre ele,
---- poremos, ataremos seus braços 159

---- ficaremos sobre ele: 161
E de manhã uma mensagem de Shámash propícia veremos.

Quinta etapa da jornada

Às vinte léguas partiram o pão,
Às trinta léguas estenderam a tenda,
Cinquenta léguas andaram o dia inteiro. 165
Em face de Shámash cavaram uma cisterna,

Água ---- puseram em ----
Foi Gilgámesh ao topo da montanha,
Farinha ofertou aos montes:
Montanha, ordena-me um sonho, mensagem boa eu veja! 170

E fez-lhe Enkídu, para ele, uma casa de sonhos,
Uma porta contra o vendaval fixou em sua entrada
E fê-lo dormir num círculo ---- desenhado,
E ele mesmo, como uma rede, ---- deitou-se em sua entrada.

Gilgámesh nos joelhos apoiou o queixo, 175
O sono que se derrama sobre as gentes nele caiu.
Na noite profunda, de sonhar terminou,
Levantou-se e disse a seu amigo:

Amigo meu, não me chamaste, por que estou desperto?
Não me tocaste, por que estou angustiado?   180
Não passou um deus, por que está atordoado meu corpo?
Amigo meu, vi um quinto sonho,
E o sonho que vi, de todo atordoante ----

***

A proximidade da Floresta de Cedros

Gilgámesh abriu a boca para falar, disse a Enkídu: 211
Amigo meu, não ----
Filhos não geraram ----

Enkídu abriu a boca para falar, disse a Gilgámesh:
Amigo meu, aquele por quem vamos é algo hostil,   215
Humbaba por quem vamos é algo hostil.

Gilgámesh abriu a boca para falar, disse a Enkídu:
Amigo meu, matemos ----

TABUINHA 5

A Floresta de Cedros

Ali estavam e olhavam a Floresta   1
De Cedros, observavam-lhe a altura,
Da floresta observavam-lhe a entrada:
Onde Humbaba caminhava ficara-lhe a pegada,
A senda arrumada e acolhedor o caminho.   5

Viram a montanha de cedros,
Morada de deuses, trono de deusas;
Na face da montanha os cedros mostravam abundância,
Doce sua sombra, plena de deleite,
Enredada de espinhos, a acobertada floresta.   10

[Frondoso] cedro, *ballúkku*: entrada não havia,[38]
[Inúmeros] brotos por uma légua – a floresta,
[Coberta de] ciprestes por dois terços de légua,
De até um sexto de peso a crosta fixa nos cedros.

Resina ressuda como chuva que chove   15
E vai, levam-na canais.

---
[38] *Ballúkku* é o nome de uma árvore cuja identificação não se conhece, bem como de uma substância aromática a partir dela produzida.

Por toda a floresta passarinho a pipilar,
---- a responder, uma voz a chilrear.

Solitária cigarra clamor inicia,
---- canta---- sibila,   20
Pombo arrulha, rola responde,
---- tartaruga, rejubila a floresta.

[Cacareja] galinha, rejubila a floresta luxuriante,
Macaca canta, filhotes de macaco guincham,
Como um grupo de músicos e tambores: 25
Dia a dia ressoam em face de Humbaba.

O receio dos heróis

Lança sua sombra o cedro,
O medo cai sobre Gilgámesh:
Um torpor toma seus braços
E debilidade cai-lhe sobre os joelhos.   30

Enkídu abriu a boca para falar, disse a Gilgámesh:
Entremos no interior da floresta,
Teu intento comece, soemos o alarme!

Gilgámesh abriu a boca para falar, disse a Enkídu:
Por que, amigo meu, como fracos trememos?   35
[Já que] atravessamos todas as montanhas,
---- em face de nós,
---- vejamos a luz!

Amigo meu, experto na batalha,
Que no combate não temeu a morte,   40

Com sangue manchado não temes a morte
E, irado, como legítimo extático maceras-te,

Como timbale ribombe teu grito,
Parta o torpor de teus braços e a debilidade se te erga dos
    joelhos!
Pega, amigo meu, juntos iremos, 45
Fale a teu coração o combate!

***

A perseguição a Humbaba

Logo em seguida as espadas ---- 53
Em seguida a bainha ----
Os eixos manchados 55
Machados e espadas em ----

Um [junto do outro] ----
Penetraram [na floresta] ----

Humbaba dirige-se a seu coração, uma palavra fala: 61
Não vai ----
Não vai ----
Por que temem? ----

Por que de meu? ---- 65
Em terror para ----
E por quê? ----
E meu leito ----

[Gilgámesh abriu a boca para falar, disse a Enkídu:]
Por que, amigo meu? ----

Com boa vontade ---- 70
Se uma palavra para ----
Énlil o maldiga ----

Enkídu abriu a boca para falar, disse a Gilgámesh:
Amigo meu, Humbaba ----
Amigo meu, um é um, mas dois são dois! 75
Embora fracos, dois [homens juntos não morrerão].

Embora uma rampa ---- dois ----
Dois trios [é difícil vencer],
Corda tripla [ninguém cortará],
Ao forte leão, os dois filhotes ---- 80

Teu fundamento firme ----
Amigo meu, flecha, seta ----
Jornada fazes ----
Quando partimos ----

Amigo meu, nos ventos de Shámash ---- 87
Sua cauda é tormenta, sua face é vento,
Dize a Shámash que o incite ele ----

Levantou sua cabeça Gilgámesh, em face de Shámash
 chorava, 90
Em face do fulgor de Shámash, vinham-lhe as lágrimas:
Aquele dia, Shámash, que confiei em ti não esqueças!
Agora fica em pé ----
Sobre Gilgámesh, broto do coração de Úruk, tua
 sombra põe!

Shámash ouviu o que disse sua boca, 95
Logo de súbito uma voz logo bramiu do céu:
Apressa-te, detém-no! Não entre ele em sua floresta!
Não desça ele ao bosque, não ----
Não vista ele suas sete capas ----

Uma ele vestia, seis já tirara, 100
Eles ----
Como touro selvagem agressivo avança ----
Lançou um bramido cheio de terror.

O guardião do bosque bramia,
Humbaba como Ádad rugia. 106

Enkídu abriu a boca para falar, disse a Gilgámesh: 111
---- e rijos os braços.

Gilgámesh abriu a boca para falar, disse a Enkídu:
Por que, amigo meu, enfraquecidos falamos? 115
Nós que atravessamos todas as montanhas
---- para defronte.

Antes de retirar-nos ----
Amigo meu, experto no combate,
Que a batalha ---- 120
---- atacas e não temes,

---- e como um profeta, muda ----
Como um timbale retumbe teu grito,
Parta o torpor de teus braços e a debilidade se te erga
    dos joelhos!
Pega, amigo meu, juntos iremos, 125

Incita teu coração à batalha!
A morte esquece, a vida busca,
---- homem prudente.
Quem à frente vai seu corpo proteja, o amigo deixe intacto!

P'ra dias distantes renome granjearam 130
---- distante ambos chegaram.

Concluíram sua fala – ali estavam.
Ali estavam e olhavam a floresta.

***

A disputa

Humbaba abriu a boca para falar, disse a Gilgámesh: 142
Deixem os tolos, Gilgámesh, a algum idiota conselho
    tomar! Diante de mim?
Vem, Enkídu, filho de peixe que não conheceu o pai!
Filhote de cágado e tartaruga, que não mamou o leite da
    mãe! 45

Quando eras jovem te vi, mas perto não cheguei,
---- tu ---- no meu estômago.
Por que à traição Gilgámesh trouxeste diante de mim
E tu mesmo como hostil inimigo te pões?

Cortarei de Gilgámesh a goela e a nuca, 150
Jogarei seu corpo aos pássaros, vorazes águias e abutres!

Gilgámesh abriu a boca para falar, disse a Enkídu:
Amigo meu, de Humbaba mudou a fronte!
Fortes subimos a seu covil para vencê-lo,
Mas corações temerosos destemidos logo não devêm. 155

Enkídu abriu a boca para falar, disse a Gilgámesh:
Por que, amigo meu, como um fraco falaste?
Com essa boca sem freio zangaste meu coração!
Agora, amigo meu, uma coisa só ----

No molde do fundidor o bronze recolher,   160
O carvão por duas horas abrasar, as brasas por duas horas ----
Enviar o dilúvio, o chicote atacar:
Não tires teu pé, não voltes atrás!
---- teu golpe forte.

***

A luta

Ouviu-os à distância,   173
Pisoteou o chão e ---- atacou.
Aos calcanhares deles o chão se abria,
Ao darem a volta, partiram-se o Sirara e o Líbano.[39]

Negra se fez nuvem branca,
Morte, como névoa, sobre eles chovia.   180
Shámash contra Humbaba incitou os grandes ventos:

Vento sul, norte, do levante, do poente – ventania,
Vendaval, temporal, tempestade, tufão,
Redemoinho, vento frio, tormenta, furacão.
Os treze ventos se alçaram, de Humbaba escureceu a face.   185

Não se lança à frente, não vai para trás –
E a arma de Gilgámesh alcançou Humbaba!

---

[39] Os dois montes formam o vale de Beqa'a, no Líbano. Essa passagem tem um caráter etiológico, explicando a separação do monte em que se achava a Floresta de Cedros em duas partes.

A súplica de Humbaba a Gigámesh

Humbaba, por sua vida pedindo, diz a Gilgámesh:
És jovem, Gilgámesh, tua mãe vem de parir-te!
E rebento da vaca selvagem Nínsun és tu! 190
Pela boca de Shámash e de meu monte ----

Broto do coração de Úruk, rei Gilgámesh!
[Ouve,] Gilgámesh, de um morto nada [se aproveita],
Um escravo vivo para seu senhor [serei eu].
Gilgámesh, poupa-me a vida! 195

E eu more para ti no [teu palácio],
Das árvores quantas mandes [cuidarei];
E eu guarde para ti a murta ----
Árvore digna de um palácio ----

Enkídu abriu a boca para falar, disse a Gilgámesh: 200
Amigo meu, não ouças o que Humbaba te diz,
[Não atendas] suas súplicas ----

***

A súplica de Humbaba a Enkídu

Humbaba abriu a boca para falar, disse a Enkídu: 217
Conhecidas te são as regras de minha floresta, as regras ----
E sabes tudo que é para dizer.

Se te arriara, se te pendurara em galho à entrada de
    minha floresta, 220
Se te jogara o corpo aos pássaros, vorazes águias e abutres!

Mas agora, Enkídu, contigo está minha liberação:
Pois fala a Gilgámesh que me restitua a vida!

Enkídu abriu a boca para falar, disse a Gilgámesh:
Amigo meu, a Humbaba, guardião da Floresta de Cedros, 225
Destrói-o, mata-o, sua ordem faz desaparecer!
A Humbaba, guardião da Floresta de Cedros, destrói-o,
    mata-o, sua ordem faz desaparecer,

Antes que o saiba o preeminente Énlil
E fúria contra nós concebam os grandes deuses,
Énlil em Nípur, Shámash em Larsa,[40]   230
Fixa para sempre ----
Que foi Gilgámesh que matou Humbaba!

E ouviu Humbaba o que Enkídu disse
E levantou a cabeça Humbaba ----

       * * *

Enkídu abriu a boca para falar, disse a Gilgámesh: 249
Amigo meu, o passarinho pega!   250
Aonde irá o filhote?
Humbaba ----

Aonde irá ----
Aonde irá ----

Ouviu Humbaba o que Enkídu falou.   255
Levantou sua cabeça Humbaba, em face de Shámash
    chorava,

---

[40] Níppur era a cidade de que Énlil era o padroeiro e onde se encontrava seu principal templo; Larsa era a cidade de Shámash.

Em face do fulgor de Shámash, vinham-lhe as lágrimas:

Entraste, Enkídu, [na minha floresta],
Na colisão de armas, o príncipe [prevalece]
E o morador o caminho de sua casa [sabe].   260
Assentas como um pastor diante dele

E como empregado a seu serviço, tu ----
Mas agora, Enkídu, contigo está minha libertação:
Pois fala a Gilgámesh que me restitua a vida!

Enkídu abriu a boca para falar, disse a Gilgámesh: 265
Amigo meu, a Humbaba, guardião da Floresta de Cedros,
Destrói-o, mata-o, sua ordem faz desaparecer!
A Humbaba, guardião da Floresta de Cedros, destrói-o,
    mata-o, sua ordem faz desaparecer,

Antes que o saiba o preeminente Énlil
E fúria contra nós concebam os grandes deuses,   270
Énlil em Níppur, Shámash em Larsa, fixa para sempre ----
Que foi Gilgámesh que matou Humbaba!

E ouviu Humbaba o que Enkídu falou.
Levantou sua cabeça Humbaba, em face de Shámash
    chorava,
Em face do fulgor de Shámash, vinham-lhe as lágrimas: 275

Que ----
Que não fiquem velhos ambos!
A não ser seu amigo Gilgámesh, não tenha Enkídu outro
    para enterrá-lo!

A morte de Humbaba

Enkídu abriu a boca para falar, disse a Gilgámesh:
Amigo meu, falo-te, não ouves: 280
Até que a maldição ----
---- para sua boca.

Ouviu Gilgámesh as palavras de seu amigo,
Tirou a espada do lado,
E Gilgámesh golpeou-lhe o pescoço. 285

[Movimentava-se] Enkídu ---- enquanto os pulmões
    lhe tirava,
---- dava saltos,
Da cabeça arrancou-lhe as presas como butim.

[Chuva] em abundância pelo monte caiu,
[Muita chuva] em abundância pelo monte caiu.

***

A pilhagem dos cedros

---- perfumes das árvores para ele levavam, para [a casa]
    de Énlil. 301

Enkídu abriu a boca para falar, disse a Gilgámesh:
Amigo meu, a terra nua reduzimos a floresta.
Como em Níppur responderemos a Énlil?

Com vosso poder, o guardião matastes! 305
Que fúria essa vossa? Arrasastes a floresta!

Depois de os sete filhos dele matarem –
Cigarra, Pio, Tufão, Grito, Astuto, ---- , Tempestade –,[41]
Machados de dois talentos eram suas ferramentas,

Três côvados e meio de lascas aos seus golpes
    [eles produziram]:   310
Gilgámesh as árvores cortava,
Enkídu separava as melhores.

Enkídu abriu a boca para falar, disse a Gilgámesh:
Amigo meu, cortamos um cedro alto,
Cujo topo pelo céu avança;   315
Farei uma porta: de seis varas sua altura, duas varas sua
    largura,
Um côvado a espessura, o batente e os eixos de cima e de
    baixo uma peça só!

À casa de Níppur leve-a o Eufrates,
Alegre-se o templo de Níppur!

---- cipreste ----   320
Prenderam uma barca, carregaram-na ----
Enkídu dirigia ----   323
E Gilgámesh a cabeça de Humbaba conduzia ----

---

[41] Esses eram os auxiliares de Humbaba na proteção da Floresta de Cedros.

TABUINHA 6

A glória de Gilgámesh

Lavou-se da sujeira, limpou as armas, 1
Sacudiu os cachos sobre as costas,
Tirou a roupa imunda, pôs outra limpa,
Com uma túnica revestiu-se, cingiu a faixa:
Gilgámesh com sua coroa cobriu-se. 5

O assédio de Ishtar

À beleza de Gilgámesh os olhos lançou a majestosa Ishtar:
Vem, Gilgámesh, meu marido sejas tu!
Teu fruto dá a mim, dá-me!
Sejas tu o esposo, seja eu tua consorte!

Farei atrelar-te carro de lápis-lazúli e ouro, 10
As suas rodas de ouro, de âmbar os seus chifres:
Terás atrelados os leões da tempestade, grandes mulas!
Em nossa casa perfumada de cedro entra!

Em nossa casa quando entres,
O umbral e o requinte beijem teus pés! 15
Ajoelhem-se sob ti reis, potentados e nobres,

O melhor da montanha e do vale te seja dado em tributo!

Tuas cabras a triplos, tuas ovelhas a gêmeos deem cria,
Teu potro com carga à mula ultrapasse,
Teu cavalo no carro majestoso corra, 20
Teu boi sob o jugo não tenha rival!

O repúdio de Gilgámesh

Gilgámesh abriu a boca para falar,
Disse à majestosa Ishtar:
Se eu contigo casar,
[Limpar-me-ás] o corpo e a roupa? 25

[Cuidarás de meu] alimento e sustento?
Far-me-ás comer manjar digno de um deus?
Cerveja far-me-ás beber digna de um rei?
---- empilhe eu 30
---- vestuário

Quem ---- contigo casará?
Tu, [frio] que petrificas o gelo,
Porta pela metade que o vento não detém,
Palácio que esmaga [a tropa] de guerreiros, 35

Elefante [que derruba] sua cobertura,
Betume que emporca quem o carrega,
Odre que vaza em quem o carrega,
Bloco de cal que [arrebenta] o muro de pedra,

Aríete que destrói o muro da terra inimiga, 40
Calçado que morde os pés de seu dono.

Qual esposo teu resistiu para sempre?
Qual valente teu aos céus subiu?
Vem, deixa-me contar teus amantes:
Àquele da oferenda [estropiaste] seu braço; 45

A Dúmuzi, o esposo de ti moça,
Ano a ano chorar sem termo deste;[42]
Ao colorido rolieiro amaste,
Nele bateste e lhe quebraste a asa:

Agora fica na floresta a piar: asaminha!; 50
Amaste o leão, cheio de força:
Cavaste-lhe sete mais sete covas;
Amaste o cavalo, leal na refrega:

Chicote com esporas e açoite lhe deste,
Sete léguas correr lhe deste, 55
Sujar a água e bebê-la lhe deste,
E a sua mãe Silíli chorar lhe deste;

Amaste o pastor, o vaqueiro, o capataz,
Que sempre pão feito nas brasas para ti amontoava,
Todo dia te matava cabritinhas: 60
Nele bateste e em lobo o mudaste,

Expulsam-no seus próprios ajudantes
E seus cães a coxa lhe mordem;
Amaste Ishullánu, jardineiro de teu pai,
Que sempre cesto de tâmaras te trazia, 65

---

[42] Dúmuzi é um deus pastor, que foi marido de Ishtar. Quando a deusa decidiu descer ao mundo dos mortos, foi-lhe exigido, ao querer retornar, que entregasse alguém para substituí-la, tendo ela entregado Dúmuzi.

Todo dia tua mesa abrilhantava,
A ele o olho lançaste e a ele foste:
Ishullánu meu, tua força testemos,
Tua mão levanta e abre nossa vulva!

Ishullánu te disse: 70
Eu? Que queres de mim?
Minha mãe não assou? Eu não comi?
Sou alguém que come pão de afronta e maldição,

Alguém de quem no inverno a relva é o abrigo?
Ouviste o que ele te disse, 75
Nele bateste e em sapo o mudaste,
Puseste-o no meio do jardim,

Não pode subir a ----, não pode mover-se a ----
E queres amar-me e como a eles mudar-me!

A vingança de Ishtar

Ishtar isso quando ouviu, 80
Ishtar furiosa aos céus subiu,
Foi Ishtar à face de Ánu, seu pai, chorava,
À face de Ántum, sua mãe, vinham-lhe as lágrimas:

Pai, Gilgámesh tem-me insultada,
Gilgámesh tem contadas minhas afrontas, 85
Minhas afrontas e maldições ----

Ánu abriu a boca para falar,
Disse à majestosa Ishtar:
O quê? Não foste tu que provocaste o rei Gilgámesh,

E Gilgámesh contou tuas afrontas, 90
Tuas afrontas e maldições?

Ishtar abriu a boca para falar,
Disse a Ánu, seu pai:
Pai, o Touro dá-me,[43]
A Gilgámesh matarei em sua sede! 95

Se o Touro não me dás,
Golpearei a Érsetu agora, sua sede,[44]
Pô-la-ei no plano do chão
E subirei os mortos para comer os vivos:
Aos vivos superar farei os mortos! 100

Ánu abriu a boca para falar,
Disse à majestosa Ishtar:
Se o Touro me pedes,
As viúvas de Úruk sete anos feno ajuntem,
Os lavradores de Úruk façam crescer o pasto. 105

Ishtar abriu a boca para falar,
Disse a Ánu, seu pai:
[Tenho o feno] já guardado,
[Tenho o pasto] já cultivado;

As viúvas de Úruk sete anos feno juntaram, 110
Os lavradores de Úruk fizeram crescer o pasto.
Com a ira do Touro eu vou [até Úruk].

Ouviu Ánu o dito por Ishtar,
E a corda do Touro em suas mãos pôs.

---

[43] Trata-se da constelação do Touro.
[44] *Érsetu* é o nome do mundo dos mortos, localizado sob a terra.

A fúria do Touro do Céu

[Ao Touro] conduzia Ishtar. 115
À terra de Úruk quando ele chegou,
Secou árvores, charcos e caniços,
Desceu ao rio, sete côvados o rio baixou.

Ao bufar o Touro a terra fendeu-se,
Uma centena de moços de Úruk caíram-lhe no coração; 120
Ao segundo bufar a terra fendeu-se,
Duas centenas de moços de Úruk;

Ao terceiro bufar a terra fendeu-se,
Enkídu caiu-lhe no coração até a cintura:
E saltou Enkídu, ao Touro agarrou pelos chifres, 125
O Touro, em sua face, cuspiu baba,
Com a espessura de sua cauda [nele bateu].

Enkídu abriu a boca para falar,
Disse a Gilgámesh:
Amigo meu, ufanávamos [de nossa força] em nossa
    cidade. 130
Como responderemos a toda esta gente?

Amigo meu, testei o poder do Touro
E sua força, aprendi sua missão----
Voltarei a testar o poder do Touro, 135
Eu atrás do Touro [me porei],

Agarrá-lo-ei pela espessura da cauda,
Porei meu pé atrás de seu jarrete,

Em ---- seu,
E tu, como açougueiro valente e hábil,
Entre o dorso dos chifres e o lugar do abate teu punhal
    enfia!   140

Voltou Enkídu para trás do Touro,
Agarrou-o pela espessura da cauda,
Pôs o pé atrás de seu jarrete,
Em ---- seu,

E Gilgámesh, como açougueiro valente e hábil,   145
Entre o dorso dos chifres e o lugar do abate seu punhal
    enfiou.

A fúria dos heróis

Após o Touro matarem,
Seu coração arrancaram e em face de Shámash puseram,
Retrocederam e em face de Shámash puseram-se:
Assentaram-se ambos juntos.   150

Chegou Ishtar sobre o muro de Úruk, o redil,
Dançou em luto, proferiu um lamento:
Este é Gilgámesh, que me insultou, o Touro matou!

E ouviu Enkídu o que disse Ishtar,
Rasgou a anca do Touro e em face dela a pôs: 155
E a ti, se pudera, como a ele faria:
Suas tripas prendesse eu em teus braços!

Reuniu Ishtar as hierodulas, prostitutas e meretrizes,
Sobre a anca do Touro em luto a carpir.

A comemoração da vitória

Chamou Gilgámesh os artesãos, os operários todos, 160
A espessura dos cornos observaram os filhos dos
    artesãos:
Trinta minas de lápis-lazúli, de cada um, o peso,
Duas minas de cada um a borda,
Seis *kor* de óleo a capacidade de cada.[45]

À unção de seu deus, Lugalbanda, os dedicou, 165
Levou-os e pendurou em sua câmara real.

No Eufrates lavaram suas mãos,
E abraçaram-se para partir.
Pela rua de Úruk cavalgavam,
Reunido estava o povo de Úruk para os ver. 170

Gilgámesh às servas de sua casa estas palavras disse:
Quem o melhor dentre os moços?
Quem ilustre dentre os varões?

Gilgámesh é o melhor dentre os moços,
Gilgámesh é ilustre dentre os varões! 175
---- a quem conhecemos em nossa fúria,
---- na rua quem o insulte não há,
---- caminho que ---- seu.

Gilgámesh em seu palácio fez uma festa:

---

[45] *Kor/gur* (*kurru*) é uma unidade de medida (1 *kor* equivalendo a cerca de 300 litros).

Deitados estão os moços, que nos leitos à noite
    dormem, 180
Deitado está Enkídu, um sonho vê.

Levanta-se Enkídu para o sonho resolver.
Diz ao amigo seu:

TABUINHA 7

A doença de Enkídu

Amigo meu, por que discutiam em conselho os grandes deuses? 1

* * *

Meu irmão, que sonho tive esta noite! Os deuses Ánu, Énlil, Ea e o deus Sol do Céu reuniram-se. Ánu dizia a Énlil: Vede estes que mataram o Touro do Céu e mataram também Huwawa, que guardava as montanhas forradas de cedro! E acrescentava Ánu: Que só morra um dos dois! Respondeu Énlil: Que morra Enkídu, que Gilgámesh não morra. O deus Sol do Céu começou a dizer ao valente Énlil: Não mataram por tua ordem o Touro do Céu e Huwawa? E agora Enkídu, inocente, morrerá? Énlil irritou-se contra o deus Sol do Céu: Tu és o que andavas com eles, como um companheiro deles, todos os dias!

Enkídu jaz enfermo junto a Gilgámesh. Atirou-se ao solo diante de Gilgámesh e as lágrimas corriam-lhe como canais: Meu irmão! Como quero a meu irmão! A mim não deixarão jamais subir do mundo

inferior para estar com meu irmão! E acrescentou:
Entre os mortos terei meu aposento, terei que
atravessar o umbral dos mortos e não voltarei a ver
jamais, com meus olhos, meu irmão querido!
Quando Gilgámesh ouviu as palavras de Enkídu,
correram-lhe as lágrimas, como canais, de seus
olhos ----[46]

***

Enkídu abriu sua boca para falar, 28
Disse a Gilgámesh:
Vem, amigo meu ---- 30

***

A maldição da porta

Enkídu ---- levantou os olhos, 37
Com sua porta falou, como [se viva]:
Porta da floresta, em ----
Tenho entendimento, o que tu não tens ---- 40

Por vinte léguas a madeira busquei-te ----
Até que um cedro alto vi ----
Não tinha igual tua árvore:
De seis varas tua altura, duas varas tua largura, um
    côvado a espessura,

Teu batente e teus eixos de cima e de baixo uma peça só 45
Fiz-te, ergui-te, em Níppur no alto pendurei-te.

---
[46] Este relato do sonho de Enkídu, que não se conservou em nenhuma versão em acádio, pertence à tradução, em prosa, do poema de Gilgámesh para o hitita, feita por volta do século XIV a.C.

Soubera eu, porta, que esta seria tua retribuição!
Soubera eu, porta, que esta tua gratidão!

Pegara eu um machado, pusera-te eu abaixo!
Uma balsa te levara ao E-babbarra,[47]   50
Ao E-babbarra, casa de Shámash, eu te arrastara,
No ---- E-babbarra o cedro eu levantara,

Na sua porta instalara eu Anzu!
---- entrada houvera eu ----
Houvera eu ---- da cidade ---- Shámash   55
E em Úruk ----

Porque Shámash ouviu o que eu disse,
[Na Floresta de Cedros] a arma me deu!
Agora, porta, eu que te fiz, eu que te ergui,
Eu que [te instalei], eu que te derrubarei?   60

Possa um rei que venha depois de mim abominar-te!
Possa um deus [depois de mim] esconder-te!
Meu nome remova e seu nome estabeleça!
Arrancou ele ---- tirou.

O consolo de Gilgámesh

Suas palavras ao ouvir, logo célere lhe vinham as lágrimas, 65
Gilgámesh as palavras de Enkídu, amigo seu, ao ouvir,
Logo célere lhe vinham as lágrimas.
Gilgámesh abriu a boca para falar, disse a Enkídu:

---

[47] O *E-babbarra* (em sumério, "Casa do Brilhante") era o templo de Utu/Shámash na cidade de Síppar. Fica clara a intenção: como Shámash fora o aliado na expedição contra Humbaba, a porta deveria ter sido oferecida a ele, não a Énlil, que agora castiga Enkídu.

Amigo meu ---- é claro.
Quem ouvidos e entendimento tem, disparates [ouve].   70
Por que, amigo meu, fala teu coração disparates?
O sonho é soberbo, os preságios múltiplos:

---- zumbiam como moscas,
---- muito, o sonho é valioso:
Ao que vive é legado o lamentar-se,   75
O morto ao vivo lamentar-se lega.

Suplicarei e implorarei aos grandes deuses,
A Shámash buscarei, a teu deus rezarei,
Invocarei Ánu, pai dos deuses ----,
Que ouça Énlil, o grande conselheiro, a prece minha
    em tua presença!   80

Que o pedido ----
Com ouro sem conta tua efígie farei.

O desengano de Enkídu

Amigo meu, prata não tragas, ouro não ----   84
O que Énlil disse não é como o que esses deuses [fixam],   85
O que ele disse, não volta atrás, não se apaga,
O que ele proclamou não volta atrás, não se apaga!

Amigo meu, está traçado [meu fado].
Ao que lhe está fixado o povo avança!

A maldição do caçador

Nem bem manhã, já alvorece,   90
Ergue a cabeça Enkídu, em face de Shámash lamenta,
Em face do brilho de Shámash, vinham-lhe as lágrimas:

A ti apelo, Shámash, por minha inestimável vida!
Aquele caçador, homem de armadilhas,
Que não me fez corresponder de todo a meu amigo,   95
Aquele caçador não corresponda de todo a seu amigo!

Sua renda seja destruída, seu lucro apequenado,
Reduza-se sua parte em tua presença!
[Abundância,] onde ele entre, saia pela janela!

A maldição da meretriz

Depois de ao caçador amaldiçoar de todo coração,   100
À meretriz Shámhat, de coração, maldizer ele decide:

Vem, Shámhat, o fado fixar-te-ei,
E o fado não cessará de era em era!
Amaldiçoar-te-ei com grande maldição
E logo célere minhas maldições te aflijam a ti!   105

Não te faças casa que te agrade,
Não residas [na companhia] de teus jovens,
Não te assentes na câmara das moças,
À tua bela veste o chão corroa,

Tua roupa de festa o bêbado com poeira suje,   110
Não adquiras casa de [morada] e coisas belas,
---- do oleiro,
---- nada adquiras,

[Farta e] boa mesa, dom do povo, não se ponha em tua casa,
Teu leito que encanta seja um banco,   115
O cruzamento da estrada, teu domicílio,

Ruínas sejam onde dormes, a sombra da muralha,
    o teu posto,

Cardo e abrolho descasquem teus pés,
O bêbado e o sedento batam-te a face,
[Haja gente] que te processe e te acuse, 120
O teto de tua casa não revista o construtor,

[No teu teto] pouse a coruja,
[Na tua mesa] não se ponha o banquete ----
---- veste roxa ---- 127
---- roupa desfiada ----
Da roupa desfiada ----

Porque a mim, puro, enfraqueceste: 130
A mim, puro, enfraqueceste na minha estepe!

A intervenção de Shámash

Shámash ouviu o que disse sua boca
E súbito uma voz do céu gritou-lhe:

Por quê, Enkídu, a meretriz Shámhat amaldiçoas?
Ela te fez comer manjar digno de um deus, 135
Cerveja te fez beber digna de um rei,
Vestiu-te com amplas roupas

E o belo Gilgámesh por amigo conquistar te fez.
Agora, Gilgámesh, teu amigo, teu dileto irmão,
Far-te-á deitar em amplo leito, 140
Em leito respeitoso deitar-te fará,

Far-te-á sentar em sede tranquila, sede à sua esquerda,
Os príncipes da terra beijarão teus pés;[48]
Fará chorar-te o povo de Úruk, fará gemer por ti,
Ao povo exuberante fará encher-se por ti de pêsames.   145

E ele, depois de ti, suportará as grenhas de cadáver,
Vestirá pele de leão e vagará pela estepe.

A bendição da meretriz

Ouviu Enkídu as palavras de Shámash, o guerreiro,
---- seu irado coração ele acalmou,
---- seu zangado coração ele acalmou: 150

Vem, Shámhat, o fado fixar-te-ei,
A boca que te amaldiçoou volta atrás para bendizer-te!
O general e o príncipe te amem,
Quem esteja a uma légua bata na coxa,

Quem esteja a duas léguas sacuda os cachos,   155
Não se atrase o soldado em o cinto desatar!
Leve-te obsidiana, lápis-lazúli e ouro,
Brincos preciosos ele te leve!

A moço de boa casa, com celeiros cheios,
Ishtar, hábil, te apresente: 160
Por tua causa ele abandone a mãe de sete filhos,
    sua esposa!

---

[48] Os príncipes da terra são os deuses da Érsetu, o mundo dos mortos. A referência, portanto, é às cerimônias fúnebres que Gilgámesh mandará fazer em honra de seu amigo.

O sonho de mau agouro

De Enkídu estava amargurado o âmago.
A pensar, deitava ele só consigo
E falava do que tinha em mente a seu amigo:

Tudo isto, amigo meu! Que sonho vi esta noite! 165
Bramaram os céus, a terra rugiu,
No meio de ambos estava eu de pé,
Havia um moço, sombrio seu rosto,

Ao de Anzu seu rosto era igual
E a mãos de leão as suas mãos, a garras de águia as
    suas garras; 170
Pegou-me os cabelos, era forte para mim,
Nele bati e como uma corda de pular ele saltou,

Em mim bateu e como uma balsa me tombou,
Como um forte touro selvagem pisou-me sobre,
Veneno ele [lançou em] meu corpo. 175
Salva-me, amigo meu ----

Mas temes ----
Em mim bateu e em pombo me mudou, 182
Atou como a um pássaro meus braços,
Pegou-me e levou-me à casa das sombras, sede de Irkalla,[49]

À casa onde quem entra não sai, 185
À jornada da rota sem volta,
À casa dos moradores privados de luz,
Em que pó é seu sustento, barro seu manjar,

---
[49] Irkalla é um dos nomes do mundo dos mortos.

Seus trajes, como pássaros, vestimentas de pena,
Luz não podem ver, em escuridão habitam, 190
Sobre a porta e o ferrolho camadas de pó,
Sobre a casa do pó silêncio se derrama.

Na casa do pó, em que entrei eu,
Reparei empilhadas as coroas:
Sentavam-se os reis, coroas que desde muitos dias
      controlavam a terra, 195
À mesa de Ánu e Énlil serviam carne assada,
Cozido serviam, água fresca dos odres vertiam.

Na casa do pó, em que entrei eu,
Sentava-se o hierofante e o celebrante,
Sentava-se o oficiante e o exorcista, 200
Sentava-se o sacerdote dos grandes deuses,

Sentava-se Etana, sentava-se Shákkan,[50]
Sentava-se a rainha da Érsetu, Eréshkigal,
Bélet-séri, escriba da Érsetu, diante dela ajoelhada,
Uma tabuinha segurava e lia diante dela. 205

Levantou a cabeça, olhou-me a mim:
Quem trouxe este homem?
Quem ---- trouxe?
---- pronto
---- túmulo 210

***

---

[50] Etana foi um rei mítico de Kish. Buscando a imortalidade, tentou alcançar o céu, voando sobre uma águia, mas não teve sucesso.

A doença mortal

[Enkídu a Gilgámesh dizia:]
De quem contigo enfrentou todas as penas, 251
Lembra de mim, amigo meu, tudo que enfrentei não
 esqueças!
Meu amigo viu um sonho que não ----

O dia em que o sonho viu, findou sua força.
Jazia Enkídu o primeiro dia, doente, e o segundo, 255
De Enkídu, em seu leito ----
O terceiro dia e o quarto dia de Enkídu ----

O quinto, sexto e sétimo, oitavo, novo e décimo,
De Enkídu a doença ----
Décimo-primeiro e décimo-segundo dia ---- 260
Enkídu no leito ----

Chama então Gilgámesh [e diz-lhe]:
Amaldiçoou-me, amigo meu ----
Como quem no meio da refrega caiu ----
Tive medo do combate ---- 265

Amigo meu, quem no combate caiu ----
Eu, no combate ----

TABUINHA 8

O lamento de Gilgámesh

Nem bem manhã, já alvorece, 1
Gilgámesh chora seu amigo:

Enkídu, tu cuja mãe foi uma gazela,
E um asno selvagem teu pai ---- a ti,
A quem os onagros com seu leite criaram-te – a ti, 5
E o rebanho da estepe ensinou toda a pastagem:

As veredas, Enkídu, da Floresta de Cedros
Chorem-te ---- noite e dia!
Chorem-te os anciãos da vasta cidade de Úruk, o redil,
Chore-te o povo que atrás de nós te bendiz! 10

Chorem-te [os cimos] de colinas e montanhas,
---- puro!
Lamente-te a campina como se tua mãe!
Chorem-te o buxo, o cipreste, o cedro
Em cujo meio rastejamos em fúria! 15

Chorem-te o urso, a hiena, a pantera, o leopardo, o cervo,
   o chacal,

O leão, o carneiro, o veado, a cabra, o rebanho e os
    animais da estepe!
Chore-te o sagrado Ulaia em que altivos andávamos um
    com o outro![51]
Chore-te o puro Eufrates
Cuja água derramávamos dos odres.   20

Chorem-te os moços de Úruk, o redil,
Que nosso combate viram, o touro ao matarmos!
Chore-te o lavrador em cima de ----
Que em sua cantoria exaltará teu nome!

Chore-te o [povo] da vasta cidade de Úruk, o redil,   25
Que em [uníssono] primeiro exaltará teu nome!
Chore-te o pastor ----
Que leite [derramava com] coalhada em tua boca!

Chore-te o pastorzinho ----
Que te punha na boca manteiga!   30
Chore-te o ancião ----
Que cerveja te punha na boca!

Chore-te a meretriz ----
Que [com] óleo perfumado te ungiu o crânio!
Chore por ti ---- a casa das bodas   35
Que a esposa ----
---- chore por ti ----

Como teus irmãos te chorem ----
Como tuas irmãs soltem os cabelos sobre as costas!

---

[51] Ulaia é o nome de um rio, o que hoje se chama Karun.

Chorem por Enkídu tua mãe, teu pai ---- 40
E neste dia chorar-te-ei eu!

Ouvi-me, moços, ouvi-me a mim!
Ouvi-me, anciãos da vasta cidade de Úruk, ouvi-me
    a mim!
Eu, por Enkídu, amigo meu, choro,
Como carpideira lamento com ardor! 45

Machado a meu flanco, socorro de meu braço,
Espada em meu cinto, escudo de minha fronte,
Veste de minha festa, cinturão de meu desejo,
Um vento ruim levantou-se e arrebatou-te de mim!

Amigo meu, mulo fugido, asno dos montes, pantera
    da estepe, 50
Enkídu, amigo meu, mulo fugido, asno dos montes,
    pantera da estepe,
Que nos unimos e subimos o monte,
Pegamos o touro, matamos,
Tocamos Humbaba, que a Floresta de Cedros habitava!

Agora, que sono te pegou a ti? 55
Ficas calado e não me ouves a mim?

O desfecho

Mas ele não ergueu a cabeça.
Tocou-lhe o coração e não batia nada.

Cobriu o amigo, como a uma noiva sua face,
Como uma águia girava-lhe sobre, 60

Como uma leoa que privada dos filhotes
Andava-lhe em face e atrás.

Arrancava e soltava os cabelos cacheados,
Tirava e atirava os adornos, como se intocáveis ----

O luto

Nem bem manhã, já alvorece, 65
Gilgámesh a sua terra proclamas dirige:

Ferreiro, lapidário, caldeireiro, ourives, joalheiro,
Fazei o amigo meu ----
---- fez ele a efígie de seu amigo:
De meu amigo os membros são de ---- 70

As sobrancelhas de lápis-lazúli, o tórax de ouro,
Seu corpo é de ----

***

[Diz Gilgámesh:]
Far-te-ei deitar em amplo leito, 84
Em leito respeitoso far-te-ei deitar, 85
Far-te-ei sentar em sede tranquila, sede à minha esquerda,

Os príncipes da terra beijarão teus pés,
Farei chorar-te o povo de Úruk, farei gemer por ti,
Ao povo exuberante farei encher-se por ti de pêsames.

E eu, depois de ti, suportarei as grenhas de cadáver, 90
Vestirei pele de leão e vagarei pela estepe.

As oferendas fúnebres

Nem bem manhã, já alvorece,
[Gilgámesh] ----
Os nós desatou, as joias viu:

Obsidiana, cornalina ---- alabastro, 95
---- seu ---- trabalhado,
---- pôs para o amigo seu,
---- pôs para o amigo seu,

---- de ---- dez minas de ouro, pôs para o amigo seu,
---- de ---- minas de ouro, pôs para o amigo seu, 100
---- de ---- minas de ouro, pôs para o amigo seu,
---- de ---- minas de ouro, pôs para o amigo seu,

---- entre as deles, trinta minas de ouro tomadas,
---- deles, pôs para o amigo seu, 105
---- deles, pôs para o amigo seu,

---- a espessura deles,
---- deles, pôs para o amigo seu
---- amplo,
---- pôs para o amigo seu, 110

---- sua cintura,
---- pôs para o amigo seu,
---- pôs para o amigo seu,
---- pôs para o amigo seu,

---- pôs para o amigo seu,   115

---- pôs para o amigo seu,
---- de seus pés, pôs para o amigo seu,

---- talentos de presas de elefantes [põe para o amigo seu],
---- minas de ouro sua alça, pôs para o amigo seu,   120
---- o poder de seu braço, pôs para o amigo seu,
---- sua aljava, um talento de ouro sua alça, pôs para o
     amigo seu,

---- a maça de sua mão era de presas de elefante,
---- dele, quarenta minas de ouro sua alça, pôs para o
     amigo seu,
---- dele, três cúbitos era seu comprimento,   125
---- sua espessura, pôs para o amigo seu,

---- cintilante ouro,
---- de cornalina---- borda de ferro,
---- a guarnição era um touro selvagem.
---- para o amigo seu,   130

Bois gordos, ovelhas cevadas sacrificou, empilhou para o
     amigo seu,
---- do amigo meu,
---- para os príncipes da terra toda comida levaram.

[Para] Ishtar grande rainha,
Um invólucro ---- de madeira pura,   135
Para Ishtar, grande rainha, a Shámash ele mostrou:
Receba-o Ishtar, grande rainha ----,
Em face do amigo meu se alegre e ao lado seu caminhe!

Para Namra-sit ----, a Shámash ele mostrou:[52]   140
Receba-o Namra-sit ----
Em face do amigo meu se alegre e ao lado seu caminhe!

Um frasco de lápis-lazúli ----

Para Eréshkigal, rainha da Érsetu, a Shámash ele mostrou: 145
Receba-o Eréshkigal, rainha da populosa Érsetu,
Em face do amigo meu se alegre e ao lado seu caminhe!

Uma flauta de cornalina ----
Para Dúmuzi, o pastor amado de Ishtar, a Shámash ele
    mostrou:
Receba-a Dúmuzi, o pastor amado de Ishtar ----   150
Em face do amigo meu se alegre e ao lado seu caminhe!

Um trono de lápis-lazúli, um touro ----
Um báculo de lápis-lazúli ----
Para Námtar, administrador da Érsetu, a Shámash ele
    mostrou:[53]
Receba-o Námtar, administrador da populosa Érsetu,   155
Em face do amigo meu se alegre e ao lado seu caminhe!

Para Húshbishag, governanta da Érsetu, a Shámash ele
    mostrou:[54]   159

---

[52] *Namra-ṣit* (literalmente, "brilhante é sua saída") é uma das denominações do deus *Sîn* (a Lua).

[53] Namtar é geralmente apresentado como esposo de Eréshkigal e, portanto, um dos deuses que governam a Érsetu.

[54] *Hušbišag* é apresentada algumas vezes como a esposa de Namtar e, conforme uma fonte, seu aspecto feminino, exercendo a mesma função que ele.

Receba-o Húshbishag, governanta da populosa Érsetu, 160
Em face do amigo meu se alegre e ao lado seu caminhe!

Mandou fazer ----
Um broche de prata, pulseiras de cobre ----
Para Qassa-tábat, o faxineiro de Eréshkigal, a Shámash
    ele mostrou:[55]

Receba-o Qassa-tábat, faxineiro de Eréshkigal ---- 165
Em face do amigo meu se alegre e ao lado seu caminhe,
O amigo meu não ---- seu coração não se aflija!

    ---- alabastro, o seu coração de lápis-lazúli e cornalina
        incrustado,
    ---- da Floresta de Cedros,
    ---- de cornalina incrustado, 170

Para Ninshuluhhatumma, camareira da casa, a Shámash
    ele mostrou:
Receba-o Ninshuluhhatumma, camareira da casa,
Em face do amigo meu se alegre e ao lado seu caminhe, 173
---- em face do amigo meu, 173a
O amigo meu não ---- seu coração não se aflija!

Uma adaga de dois gumes, de lápis-lazúli sua empunhadura, 175
Com a imagem do puro Eufrates,
Para Bíbbu, açougueiro da Érsetu, a Shámash ele mostrou:[56]

---

[55] *Qāssa-tābat* é o nome de outro dos deuses da Érsetu. Seu nome significa "sua mão é leve", em virtude das boas relações que mantém com sua senhora, a rainha Eréshkigal.

[56] *Bibbu* é conhecido também em outras fontes como o "açougueiro da Érsetu". Enquanto um astro, *bibbu* designa ora Mercúrio, ora a "estrela

Receba-o Bíbbu, açougueiro da populosa Érsetu,
Em face do amigo meu se alegre e ao lado seu caminhe!

---- um frasco de alabastro, 180
Para Dúmuzi-ábzu, bode-expiatório da Érsetu, a
    Shámash ele mostrou:[57]
Receba-o Dúmuzi-ábzu, bode-expiatório da populosa
    Érsetu,
Em face do amigo meu se alegre e ao lado seu caminhe!

---- o cimo de lápis-lazúli,
---- de cornalina incrustado ---- 185

***

Em face do amigo meu se alegre e ao lado seu caminhe! 199

---- de cedro. 200
Para ---- grande, a Shámash ele mostrou:
Receba-o ---- grande,
Em face do amigo meu se alegre e ao lado seu caminhe!

***

Gilgámesh, isto quanto ouviu, 211
O represamento do rio concebeu em seu coração.

Nem bem manhã, já alvorece,
Gilgámesh abriu seu portal
E tirou para fora uma mesa de madeira, grande: 215

---

    vermelha", isto é, Marte.
[57] *Dumuzi-abzu* é uma variante de *Dumuzi*, que ressaltava seu caráter infernal.

Uma tigela de cornalina encheu de mel,
Uma tigela de lápis-lazúli com manteiga encheu,
---- adornou e a Shámash ele mostrou,
---- mostrou.

* * *

Brilhante ---- 229
Ele ---- 230

TABUINHA 9

A errância de Gilgámesh

Gilgámesh por Enkídu, amigo seu, 1
Amargo chora e pela estepe vaga:
Morro eu e como Enkídu não fico?

Luto entrou-me às entranhas,
A morte temo e pela estepe vago 5
Ao encalço de Uta-napíshti, filho de Ubara-tútu,[58]
A caminho estou, rápido vou.

À entrada do monte à noite cheguei.
Leões vi e temor me tomou,
Ergui-me a cabeça, a Sin supliquei, 10
A ---- luz dos deuses, foi minha prece:

Sin e ---- fique eu intacto!
Gilgámesh levantou e tremia: um sonho!

---- diante de Sin alegrou-se por estar vivo.

---

[58] *Ubār-tutu*, na lista de reis sumérios, é o último a reinar antes do dilúvio; na *Crônica dinástica* de Shurúppak é dado como pai de Ziusudra, o herói do dilúvio (a que corresponde aqui Uta-napíshti).

Ergueu o machado em sua mão, 15
Sacou a espada de seu cinto,
Como uma flecha no meio lhes caiu,
Golpeou os leões, matou, destroçou,

E ----

Lançou ---- 20
Tirou ----
O nome do primeiro ----
O nome do segundo ----

Ergueu sua cabeça, a Sin suplicou,
A ---- luz dos deuses, foi sua prece: 25
Sin ----
Que ----

Como ----
Sin ----

***

O monte Máshu

Do monte o nome era Máshu.[59] 37
Ao monte Máshu quando ele chegou –
Monte que dia a dia guarda a saída de Shámash,
Seus topos a armação do céu atingem, 40
Embaixo, ao Arallu seus seios chegam –,[60]

---
[59] *Mašu*, que significa "gêmeo", nomeia a constelação de Gêmeos e, como topônimo, os montes gêmeos, que marcam, a Oriente e Ocidente, o nascer e o ocaso do Sol: a cada noite é pelo interior deles que Shámash viaja.
[60] *Arallû* é um dos nomes da Érsetu.

Homens-escorpião guardavam o portal:[61]
Deles terrível é o temor e o olhar é morte,
Seu pavoroso resplendor envolve as montanhas,
À saída de Shámash e ao pôr de Shámash, guarda fazem
    a Shámash.   45

Viu-os Gilgámesh e de temor e espanto cobriu-se-lhe
    a face,
Retomou o juízo e diante deles chegou.

O homem-escorpião a sua esposa clamou:
Este que até nós vem, carne de deuses é seu corpo!
Ao homem-escorpião sua esposa responde-lhe: 50
Dois terços dele é deus e um terço é humano.

O homem-escorpião macho clama,
Ao rei Gilgámesh, carne de deuses, esta palavra diz:
Tu, como chegaste a distante caminho,
---- te aproximaste até diante de mim?   55

Como rios atravessaste, cuja travessia é difícil?
---- deixa-me saber,
---- onde tua face está,
---- deixa-me saber ----

[Gilgámesh responde ao homem-escorpião:]
A rota até Uta-napíshti, meu pai, [busco eu],   75
Ele, que esteve na assembleia dos deuses, a vida obteve,
A morte e a vida ----

---

[61] Os homens-escorpião (em acádio, *girtablilu*) são geralmente apresentados com cabeça, torso e braços humanos, corpo e cauda de escorpião.

O homem-escorpião abriu a boca para falar,
Disse a Gilgámesh:
Não há, Gilgámesh, alguém como tu ---- 80
Que dos montes jamais [a entrada alguém atingiu].

De doze léguas é o coração dos montes ----
Densa é a treva e não há luz.
À saída de Shámash ----
Ao pôr de Shámash ---- 85

Ao pôr----
Mandaram ----

Tu, como ----
Queres ir ---- 90

***

A travessia pelo caminho de Shámash

Com lamentos ---- 125
Com frio e calor queimou-se-me a face,
Com fadiga ----
Agora, tu ----

O homem-escorpião abriu a boca para falar,
Ao rei Gilgámesh, carne de deuses, esta palavra diz: 130
Vai, Gilgámesh ----
Que os montes Máshu [por dentro percorras],

Os montes e colinas ----
Que a salvo [percorras o caminho de Shámash],
O portal do monte [atinjas incólume]. 135

Gilgámesh isto quando ouviu,
Ao dito pelo homem-escorpião [atendeu],
A rota de Shámash tomou ----

Uma légua ----
Densa é a treva e não há luz, 140
Não lograva ver algo atrás de si.

Duas léguas ----
Densa é a treva e não há luz,
Não lograva ver algo atrás de si.

Três léguas ---- 145
Densa é a treva e não há luz,
Não lograva ver algo atrás de si.

Quatro léguas ----
Densa é a treva e não há luz,
Não lograva ver algo atrás de si. 150

Cinco léguas ----
Densa é a treva e não há luz,
Não lograva ver algo atrás de si.

Seis léguas quando ele perfez,
Densa é a treva e não há luz, 155
Não lograva ver algo atrás de si.

Sete léguas quando ele perfez ----
Densa é a treva e não há luz,
Não lograva ver algo atrás de si.

Oito léguas, como [então] precipitava-se, 160
Densa é a treva e não há luz,
Não lograva ver algo atrás de si.

Nove léguas [quando perfez], o vento norte
[Atingiu] seu rosto,
Densa é a treva e não há luz, 165
Não lograva ver algo atrás de si.

Dez léguas quando perfez
[Sentiu que estava] próximo.

Onze léguas, [mais a] rota de uma légua,
[À saída] chegou, antes de Shámash. 170

O pomar dos deuses

---- um brilho há,
[Gilgámesh,] às árvores dos deuses enquanto olha, avança:[62]

A cornalina carregada de seus frutos,
De uvas carregada, pura visão;
A lápis-lazúli carregada de folhagem, 175
De fruto carregada a ver-se com delícia.

---- cipreste ---- 184
---- cedro ---- 185
Sua nervura era de *pappardilu* ----[63]
Larúshshu marinha ---- *sásu*,

---

[62] As árvores do pomar dos deuses são feitas de pedras preciosas.

[63] Os termos *pappardilu*, *larušsu* marinha, *sasu*, *an.za.gul.me*, *abašmu* e *šubu* designam, provavelmente, espécies de pedras preciosas impossíveis de identificar.

Como espinho e sarça cresce a *an.za.gul.me*,
Uma alfarroba tocou, era uma *ábashmu*,
Shúbu e hematita ---- 190
Como ---- e ---- estepe,

Como ---- turquesa,
De ---- concha marinha,
Tem ----

[Vendo] Gilgámesh a caminhar, 195
Levantou ela a cabeça para olhá-lo.

TABUINHA 10

A taberneira dos confins

Shidúri, a taberneira que à margem do mar morava,[64]   1
Morava e ----
Tinha vasilhame, tinha [uma vasilha de ouro].
Com véu se velava e [com uma touca].

Gilgámesh perambulava e ----   5
Com uma pele de leão que dava medo ----
Tinha carne de deuses em seu corpo,
Havia luto em suas entranhas:
À de quem chega de longe sua face se iguala.

A taberneira de longe observa-o,   10
Pondera em seu coração, uma palavra diz,
Consigo mesma se aconselha ela:
Talvez seja um matador de touros selvagens,
Donde vem até a minha entrada?

Pois viu-o a taberneira, fechou a entrada,   15
Fechou a entrada e subiu ao terraço.

---

[64] *Šidûri*, personagem divina que aparece apenas neste poema, é uma taberneira ou cervejeira, que mantém uma taberna às margens do mar. Seu nome significa "moça".

Mas tinha ele ouvidos, Gilgámesh, para ----
Levantou o queixo e pô-la à sua face.

Gilgámesh a ela disse, à taberneira:
Taberneira, por que ao ver-me fechaste a entrada, 20
A entrada fechaste e subiste ao terraço?
Golpearei a porta, os ferrolhos quebrarei.

---- na estepe.

A taberneira a ele disse, a Gilgámesh: 25
[Ao ver-te] fechei minha entrada,
[A entrada fechei], subi ao terraço,
[Por quem aqui vens] deixa-me saber.

Gilgámesh a ela disse, à taberneira:
[Por] Enkídu, amigo meu ---- 30
Que nos unimos e subimos o monte,
O Touro pegamos e o Touro matamos,

Tocamos Humbaba, que a Floresta de Cedros habitava,
Na passagem dos montes matamos leões.

A taberneira a ele disse, a Gilgámesh: 35
Se tu e Enkídu sois os que o guarda matastes,
Tocastes Humbaba, que a Floresta de Cedros habitava,
Na passagem dos montes matastes leões,

O Touro pegastes e o Touro matastes que do céu desceu,
Por que consumidas te estão as têmporas, cavada tua face, 40
Desafortunado teu coração, aniquilada tua figura?
Há luto em tuas entranhas,

À de quem chega de longe tua face se iguala,
Com frio e calor está queimada tua face,
E uma face de leão te tendo posto vagas pela estepe. 45

Gilgámesh a ela disse, à taberneira:
Por que consumidas não me estariam as têmporas, não
    cavada a face,
Não desafortunado o coração, não aniquilada a figura,
Não haveria luto em minhas entranhas,

À de quem chega de longe minha face não se igualaria, 50
Com frio e calor não estaria queimada minha face,
E uma face de leão me tendo posto não vagaria eu pela
    estepe?

Ao amigo meu, mulo fugido, asno dos montes, pantera
    da estepe,
A Enkídu, amigo meu, mulo fugido, asno dos montes,
    pantera da estepe,
Ao amigo meu que – o amo muito! – comigo enfrentou
    todas as penas, 55
A Enkídu, amigo meu que – o amo muito! – comigo
    enfrentou todas as penas,

Atingiu-o o fado da humanidade!
Por seis dias e sete noites sobre ele chorei,
Não o entreguei ao funeral
Até que um verme lhe caiu do nariz. 60

Tive medo ----
A morte temi, vago pela estepe.
O caso do amigo meu pesa sobre mim,
Um longo caminho vago pela estepe,

O caso de Enkídu, amigo meu, pesa sobre mim, 65
Uma longa jornada vago pela estepe!
Como calar, como ficar eu em silêncio?
O amigo meu, que amo, tornou-se barro,

Enkídu, o amigo meu, que amo, tornou-se barro!
E eu: como ele não deitarei 70
E não mais levantarei de era em era?

[A taberneira a ele diz, a Gilgámesh:]
Gilgámesh, por onde vagueias? Va iii 1
A vida que buscas não a encontrarás:

Quando os deuses criaram o homem,
A morte impuseram ao homem,
A vida em suas mãos guardaram. Va iii 5

Tu, Gilgámesh, repleto esteja teu ventre,
Dia e noite alegra-te tu,
Cada dia estima a alegria,
Dia e noite dança e diverte!

Estejam tuas vestes limpas, Va iii 10
A cabeça lavada, com água estejas banhado!
Repara na criança que segura tua mão,
Uma esposa alegre-se sempre em teu regaço:
Esse o fado da humanidade.

Gilgámesh a ela disse, à taberneira: 72
E agora, taberneira, qual a jornada até Uta-napíshti?
Qual a senha? A mim dá-ma!
Dá a senha a mim! 75

Se é possível, o mar atravessarei,
Se não for possível, pela estepe vagarei.

Ur-Shánabi, o barqueiro

A taberneira a ele disse, a Gilgámesh:
Não houve, Gilgámesh, travessia jamais
E ninguém, desde os dias de antes, jamais atravessou
    o mar.   80

Atravessa o mar Shámash, o guerreiro,
Pois, tirando Shámash, atravessa o mar quem?

Difícil é a travessia, estreito o caminho,
No meio, as águas da morte, que o avanço obstruem:
E então, Gilgámesh, tendo o mar atravessado,   85
Às águas da morte tendo chegado, farás o quê?

Gilgámesh, há Ur-shánabi, barqueiro de Uta-napíshti,
E com ele, os de pedra: no coração da floresta está
    colhendo cedro.[65]
Vai, veja ele tua face!
Se é possível, atravessa com ele,   90
Se não for possível, volta atrás!

Gilgámesh, isso quando ouviu,
Pegou o machado na mão,
Puxou a espada do cinto,
Deslizou e desceu sobre eles,   95

---

[65] O caráter destas personagens, "os de pedra" (*šut abni*), é enigmático. Alguns comentadores pensam que são amuletos, outros, apetrechos náuticos fabricados de pedra ou estátuas mágicas.

Como uma flecha no meio deles caiu.
No coração da floresta fez muito barulho:
Viu Ur-shánabi o brilho ----
Pegou o machado e correu para ele,

Mas o outro golpeou-lhe a cabeça – ele, Gilgámesh – 100
Agarrou-lhe o braço e ---- prendeu-o.
Os de pedra tinham vedado o barco,
Eles que não temiam as águas da morte.

---- amplo mar,
Nas águas, ele ---- segurou, 105
Esmagou os de pedra, jogou no rio,
---- barco,
---- sentou na margem.

Gilgámesh a ele disse, a Ur-shánabi, o barqueiro:
---- tremes, 110
---- tu.

Ur-shánabi a ele disse, a Gilgámesh:
Por que consumidas te estão as têmporas, cavada tua face,
Desafortunado teu coração, aniquilada tua figura?
Há luto em tuas entranhas, 115

À de quem chega de longe tua face se iguala,
Com frio e calor está queimada tua face,
E uma face de leão te tendo posto vagas pela estepe!

Gilgámesh a ele disse, a Ur-shánabi, o barqueiro:
Por que consumidas não me estariam as têmporas,
    não cavada a face, 120

Não desafortunado o coração, não aniquilada a figura,
Não haveria luto em minhas entranhas,

À de quem chega de longe minha face não se igualaria,
Com frio e calor não estaria queimada minha face,
E uma face de leão me tendo posto não vagaria eu
    pela estepe? 125

Ao amigo meu, mulo fugido, asno dos montes, pantera
    da estepe,
A Enkídu, amigo meu, mulo fugido, asno dos montes,
    pantera da estepe,
Que nos unimos e subimos o monte,
O Touro pegamos e o Touro matamos,

Tocamos Humbaba, que a Floresta de Cedros habitava, 130
Na passagem dos montes matamos leões,
Ao amigo meu que – o amo muito! – comigo enfrentou
    todas as penas,
A Enkídu, amigo meu que – o amo muito! – comigo
    enfrentou todas as penas,

Atingiu-o o fado da humanidade!
Por seis dias e sete noite sobre ele chorei, 135
Não o entreguei ao funeral
Até que um verme lhe caiu do nariz.

Tive medo ----
A morte temi, vago pela estepe.
O caso do amigo meu pesa sobre mim, 140
Um longo caminho vago pela estepe,

O caso de Enkídu, amigo meu, pesa sobre mim,
Uma longa jornada vago pela estepe!
Como calar, como ficar eu em silêncio?
O amigo meu, que amo, tornou-se barro, 145

Enkídu, o amigo meu, que amo, tornou-se barro!
E eu: como ele não deitarei
E não mais levantarei de era em era?

A travessia

Gilgámesh a ele disse, a Ur-shánabi, o barqueiro:
E agora, Ur-shánabi, qual a jornada até Uta-napíshti? 150
Qual a senha? A mim dá-ma!
Dá a senha a mim!

Se é possível, o mar atravessarei,
Se não for possível, pela estepe vagarei.

Ur-shánabi a ele disse, a Gilgámesh: 155
Tua mão, Gilgámesh, impediu-te a travessia:
Esmagaste os de pedra, jogaste no rio,
Os de pedra estão esmagados e o cedro não colhido.

Pega, Gilgámesh, o machado em tua mão,
Desce à floresta e, estacas de cinco varas, trezentas corta, 160
Descasca-as e põe uma saliência,
Leva-as ----

Gilgámesh isso quando ouviu,
Pegou o machado em sua mão,
Puxou a espada do cinto, 165
Desceu à floresta e, estacas de cinco varas, trezentas cortou,

Descascou-as e pôs uma saliência,
Levou e ----

Gilgámesh e Ur-shánabi conduziram-se ao barco,
A embarcação lançaram e eles mesmos a conduziam.   170
Jornada de mês e meio ao terceiro dia, alcançaram ----
E atingiu Ur-shánabi as águas da morte.

Ur-shánabi a ele disse, a Gilgámesh:
[Pega,] Gilgámesh, pega a primeira estaca!
As águas da morte tua mão não toque, deixá-la-ás
    aleijada!   175
A segunda, terceira e quarta – Gilgámesh! – pega as estacas!

Quinta, sexta e sétima – Gilgámesh! – pega as estacas!
Oitava, nona e décima – Gilgámesh! – pega as estacas!
Onze, doze – Gilgámesh! – pega as estacas! ----
A duas vezes três milhares e meio de varas, Gilgámesh as
    estacas esgotou.[66]   180

E ele soltou seu cinto – ele, Ur-shánabi –,
Gilgámesh arrancou-lhe a veste,
Com seus braços uma vela levantou.

Uta-napíshti

Uta-napíshti de longe observa-os,
Pondera em seu coração, uma palavra diz,   185
Consigo mesmo se aconselha ele:

---

[66] Como a vara (*nindanu*) corresponde a cerca de 6 m., a distância percorrida seria de cerca de 42 km.

Por que estão quebrados, da barca, os de pedra,
E não é o seu senhor quem conduz sobre ela?
O que vem não é meu homem,
E à direita ---- 190

Estou reparando e não é meu homem,
Estou reparando e não ----
Estou reparando ----
---- mim ----

---- 195
Não é meu homem ----
Faz vagar ----
O barqueiro ----

O homem em que estou reparando não ----
Quem estou reparando não ---- 200
Talvez a estepe ----

O cedro ----

Gilgámesh do cais aproxima-se,
Desce ---- 205
E ele levantou e ----
Gilgámesh a ele disse, a Uta-napíshti:

Que vivas, Uta-napíshti, filho de Ubara-tútu ----
---- depois do dilúvio que ----
O dilúvio por que ---- 210
---- que ----

Uta-napíshti a ele disse, a Gilgámesh:
Por que consumidas te estão as têmporas, cavada tua face,

Desafortunado teu coração, aniquilada tua figura?
Há luto em tuas entranhas, 215

À de quem chega de longe tua face se iguala,
Com frio e calor está queimada tua face,
E uma face de leão te tendo posto vagas pela estepe.

Gilgámesh a ele disse, a Uta-napíshti:
Por que consumidas não me estariam as têmporas, não
    cavada a face, 220
Não desafortunado o coração, não aniquilada a figura,
Não haveria luto em minhas entranhas,

À de quem chega de longe minha face não se igualaria,
Com frio e calor não estaria queimada minha face,
E uma face de leão me tendo posto não vagaria eu
    pela estepe? 225

Ao amigo meu, mulo fugido, asno dos montes, pantera
    da estepe,
A Enkídu, amigo meu, mulo fugido, asno dos montes,
    pantera da estepe,
Que nos unimos e subimos o monte,
O Touro pegamos e o Touro matamos,

Tocamos Humbaba, que a Floresta de Cedros habitava, 230
Na passagem dos montes matamos leões,
Ao amigo meu que – o amo muito! – comigo enfrentou
    todas as penas,
A Enkídu, amigo meu que – o amo muito! – comigo
    enfrentou todas as penas,

Atingiu-o o fado da humanidade!
Por seis dias e sete noite sobre ele chorei, 235
Não o entreguei ao funeral
Até que um verme lhe caiu do nariz.

Tive medo ----
A morte temi, vago pela estepe.
O caso do amigo meu pesa sobre mim, 240
Um longo caminho vago pela estepe,

O caso de Enkídu, amigo meu, pesa sobre mim,
Uma longa jornada vago pela estepe!
Como calar, como ficar eu em silêncio?
O amigo meu, que amo, tornou-se barro, 245
Enkídu, o amigo meu, que amo, tornou-se barro!

E eu: como ele não deitarei
E não mais levantarei de era em era?

Gilgámesh a ele disse, a Uta-napíshti:
Pensei eu: vou a Uta-napíshti, o distante de quem falam
    todos, vou vê-lo. 250
Vago, vou por todas as terras.
Passei uma e outra vez por montes, com dificuldade,

Atravessei uma e outra vez todos os mares,
De doce sono não se saciou minha face,
Castiguei a mim mesmo ficando desperto, 255
Os nervos de lamentos cheios.

O que lucrei em minha fadiga?
Perto da taberneira não chegara e minha roupa eu tinha
    destruída,

Matei urso, hiena, leão, pantera, leopardo,
Carneiro, veado, o rebanho e os animais do monte, 260
Sua carne comi, sua pele esfolei.

De lamentos fechem eles sua entrada,
Com betume e asfalto vedem sua entrada,
Por minha causa a dança não [continuou],
Por minha causa a alegria [foi calada]. 265

Uta-napíshti a ele disse, a Gilgámesh:
Por quê, Gilgámesh, em lamentos te fixas tu,
Que da carne de deuses e homens foste criado,
E como a teu pai e tua mãe te fizeram?

Quando, Gilgámesh, a um parvo [te assemelhaste]? 270
Um trono na assembleia puseram: senta-te! – falaram-te.
Dá-se ao parvo borra de cerveja como manteiga ----
Farelo e cascas como ----

Veste andrajos como [se roupas],
Como cinto, uma corda [se amarra]. 275
Porque não tem conselheiros ----
Conselhos em palavras não tem ----

Cuida dele, Gilgámesh ----
---- senhor deles, todos que ----
---- 280
---- a Sin e os deuses da noite ----

De noite a Sin vai ----
E despertos os deuses ----
Acordado, não repousa ----
Desde muito está posto ---- 285

Tu, considera ----
Companhia ----
Se, Gilgámesh, a casa dos deuses provês,
Casa das deusas ----

Eles ---- deuses ---- 290
Para ---- fez ----
---- ao dom ----
---- suas entranhas ----

---- provê ----
---- a humanidade 295
---- alcança seu destino:
Tu, desperto o que alcanças?

Estando desperto, esgotas a ti mesmo,
Teus nervos, os lamentos os consomem,
Distante, abrevias teus dias. 300

A sabedoria de Uta-napíshti

A humanidade é de que, como caniço no pântano,
    se lhe ceifa o nome:
O moço belo, a moça bela,
Logo [sua beleza] leva a morte.

Não há quem a morte veja,
Não há quem da morte veja a face, 305
Não há quem da morte a voz ouça,
A furiosa morte ceifa a humanidade.

Chegada a hora, construímos uma casa,
Chegada a hora, fazemos um ninho,

Chegada a hora, os irmãos repartem,　　　　　　　　310
Chegada a hora, rixas há na terra.

Chegada a hora, o rio sobe e traz a enchente,
A libélula flutua no rio,
Sua face olha em face Shámash:
Logo a seguir não há nada.　　　　　　　　　　　315

O sequestrado e o morto: um é como o outro –
Da morte não delineiam a figura!
A um homem, um morto não o bendiz com bênçãos
　　　sobre a terra.

Os Anunnákki, grandes deuses, reunidos,
Mammítum, que cria os fados, com eles o fado fez:[67]　320
Dispuseram morte e vida,
Da morte não revelaram o dia.

---

[67] Outro nome da mãe dos deuses.

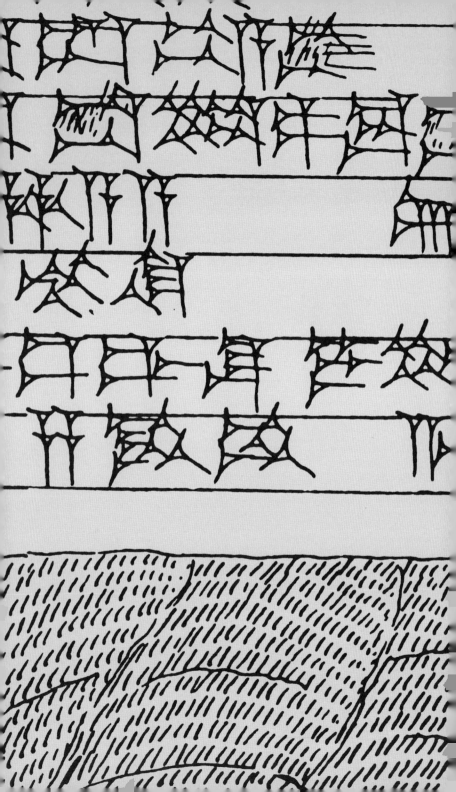

TABUINHA 11

O dilúvio

Gilgámesh a ele disse, a Uta-napíshti, o distante: 1
Olho-te, Uta-napíshti,
Teu talhe não é diferente, como eu és tu,
E tu não és diferente, como eu és tu.

Vim pronto, de coração, a fazer-te guerra, 5
[Mas] meu braço jogou-se sobre tuas costas!
Tu, como estiveste na assembleia dos deuses e a vida tiveste?

Uta-napíshti a ele disse, a Gilgámesh:
Descobrir-te-ei, Gilgámesh, palavras secretas
E um mistério dos deuses a ti falarei: 10

Shurúppak, cidade que tu conheces,
Cidade que às margens do Eufrates está –
A cidade, ela é antiga e deuses dentro tem.

Ao proporem o dilúvio comandar a seu coração os grandes deuses,
Jurou seu pai Ánu, 15
Seu conselheiro, o guerreiro Énlil,

Seu mordomo, Ninurta,
Seu inspetor dos canais, Énnugi.

O príncipe Ea com eles sob jura estava,
Mas suas palavras repetiu à cerca de caniços: 20
Cerca! cerca! parede! parede!
Cerca, escuta! parede, resguarda!

Homem de Shurúppak, filho de Ubara-tútu,
Derruba a casa, constrói um barco,
Abandona a riqueza e escolhe a vida, 25
As posses despreza e tua vida leva,
Conserva a semente de tudo que vive no coração do barco!

O barco que construirás tu:
Seja proporcional seu talhe,
Seja igual sua largura ao comprimento, 30
Como o Apsu seja sua cobertura!

Eu entendi e disse a Ea, meu senhor:
Aquiesço, meu senhor, com o que assim falas tu.
Prestei eu atenção. Fá-lo-ei.
Como responderei à cidade – ao povo e aos anciãos? 35

Ea abriu sua boca para falar,
Disse a seu servo, a mim:
Assim tu a eles falarás:

Quiçá a mim Énlil detesta,
Não habitarei vossa cidade, 40
No chão de Énlil não porei os pés!
Descerei ao Apsu: com Ea, meu senhor, habitarei.

Sobre vós fará ele chover abundância:
Profusão de pássaros, fartura de peixes.
Sobre vós fará chover riqueza e colheita! 45
Ao amanhecer, bolos,
Ao anoitecer, far-vos-á chover tempestades de trigo!

Nem bem manhã, já alvorece,
À sua entrada o Supersábio reuniu toda a terra:
O carpinteiro traz sua machadinha, 50
O tecedor de bambus traz sua pedra,

Seu machado traz ----
Os moços ----
Os velhos carregam cordas,
O rico traz betume, 55
O pobre [o que é] necessário transporta.

Ao quinto dia contemplei sua forma:
Um acre sua circunferência, dez varas sua altura,
Dez varas por igual a borda de seu topo.
Impus-lhe o corpo, a ele moldei: 60

Pus-lhe seis convés,
Dividi-o em sete,
Seu interior dividi em nove,
Cavilhas para a água em seu meio preguei,
Vi uma estaca e o necessário lhe impus. 65

Três *sháru* de betume verti no jarro,
Três *sháru* de asfalto [verti] no seu coração.
Três *sháru* os carregadores trouxeram, em vasilhas
    transportaram, de azeite;

Salvo o *shar* de azeite que consumiu a oferenda,
Dois *sháru* de azeite foi o que guardou o piloto.   70

Para os artesãos matei um boi,
Degolei ovelhas cada dia,
Cerveja, áraque, azeite, vinho
Aos artesãos fiz beber, como água de rio,
Uma festa faziam como no dia do *akítu*!   75

Shámash ao erguer-se, à unção minha mão impus,
Antes de Shámash pôr-se, o barco já terminara.
[A condução do barco ao rio era] muito difícil:
Uma rampa de troncos fomos colocando de cima para
    baixo,
Até que [mergulhou e a água] chegou a dois terços
    [de sua altura].   80

Quanto eu tinha embarquei nele,
Quanto tinha embarquei de prata,
Quanto tinha embarquei de ouro,
Quanto tinha embarquei da semente de tudo que existe.

Fiz subir ao coração do barco toda minha família
    e meu clã,   85
O rebanho da estepe, os animais da estepe, os filhos dos
    artesãos.

Um termo Shámash pôs:
Ao amanhecer, bolos, ao anoitecer fez ele chover
    tempestades de trigo ----
Entra no coração do barco e fecha-lhe a porta!

O termo chegou: 90
Ao amanhecer, bolos, ao anoitecer fará ele chover
    tempestades de trigo!

Do dia contemplei a forma:
Do dia, quando o olhava, medo eu tinha.

Entrei no coração do barco e fechei-lhe a porta.
Ao que calafetou o barco, Púzur-Énlil, o marinheiro, 95
O palácio dei com seus bens.

Nem bem manhã, já alvorece,
Sobe dos fundamentos do céu uma nuvem negra,
Ádad em seu coração troveja.

Shúllat e Hánish vão à frente, 100
Vão os porta-tronos pelo monte e a terra;[68]
As balizas Érrakal arranca;[69]
Vai Ninurta, as represas entorna!

Os Anunnákki têm tochas:
Com seu clarão incendescem a terra! 105
Ádad, seu silêncio atravessa os céus,
Tudo que claro trevas se tornou.

Afluiu à terra, como um boi, [o dilúvio,] quebrou-a,
Um dia, vendaval ----
Logo soprava e ---- o vento leste, o dilúvio, 110
Como uma guerra sobre o povo atravessou a catástrofe:

---

[68] *Šullat* e *Haniš*, os "porta-tronos", são agentes gêmeos de destruição, identificados como aspectos de Shámash e Ádad, respectivamente.

[69] *Errakal* é o resultado da conflução dos nomes de dois outros deuses: Erra, o deus da guerra; e Nergal, senhor da Érsetu.

Não via o irmão seu irmão,
Não se reconhecia o povo na desagregação.

Os deuses tinham medo do dilúvio,
Saíam, subiam ao céu de Ánu.   115
Os deuses, como cães encolhidos, fora deitavam.

Gritava a deusa como em trabalho de parto,
Gemia Bélet-íli, amável voz:
Este dia, sim! em barro sim tornou-se!
Porque eu, na assembleia dos deuses, falei perversidade!   120

Como falei na assembleia dos deuses perversidade,
Para que desaparecesse meu povo, pela guerra falei!
Eu mesma os pari! Meu povo!
E como crias de peixes eles enchem o mar!

Os deuses, os Anunnákki choravam com ela,   125
Os deuses, submersos em aflição, a chorar,   126
Dissolvidos em lágrimas, choravam com ela,   126ª
Tremores nos lábios, tomados de febre.

Seis dias e sete noites
Veio vento, tempestade, vendaval, dilúvio.

O sétimo dia ao romper,   130
Amainou o vendaval ----   131
Amainou o dilúvio sua guerra.   131ᵇ
O que lutou como em trabalho de parto descansou,
    o mar.
Calou-se a tormenta. O dilúvio estancou.

Olhei o dia: posto em silêncio
E a totalidade dos homens tornara-se barro.   135
Como um terraço estava liso o prado.
Abri a claraboia, uma luz caiu-me sobre as têmporas.

Abaixei-me, sentei e chorei,
Sobre as têmporas vinham-me as lágrimas.
Olhei os lugares, a borda do mar,   140
Em quatorze emergia a terra.

No monte Nímush encalhou o barco,
O monte Nímush o barco prendeu e mover-se não o
    deixou.
Um dia, dois dias, o monte Nímush o barco prendeu e
    mover-se não o deixou,
Terceiro dia, quarto dia, o monte Nímush o barco
    prendeu e mover-se não o deixou,   145
Quinto, sexto, o monte Nímush o barco prendeu e
    mover-se não o deixou.

O sétimo dia quando chegou,
Tirei uma pomba, soltei,
Foi-se a pomba e retornou,
Pouso não havia e voltou.   150

Tirei uma andorinha, soltei,
Foi-se a andorinha e retornou,
Pouso não havia e voltou.

Tirei um corvo, soltei,
Foi-se o corvo e a diminuição das águas ele viu,   155
Come, salta, dá voltas e não volta.

Tirei tudo e pelos quatro ventos ofereci uma oferenda,
Pus a oferenda no alto topo do monte:
Sete mais sete frascos depositei,
Por baixo derramei cana, cedro e murta. 160

Os deuses sentiram o aroma,
Os deuses sentiram o doce aroma,
Os deuses, como moscas, sobre o chefe da oferenda
    amontoaram-se.

Logo ali, Bélet-íli ao chegar
Levantou o colar de grandes moscas que Ánu fizera quando a
    cortejava: 165
Deuses, tenha estas moscas de lápis-lazúli meu colo
E estes dias eu lembre e pelas eras não esqueça!

Os deuses venham à oferenda!
Énlil não venha à oferenda,
Porque não ponderou e impôs o dilúvio 170
E meu povo entregou à destruição!

Logo ali, Énlil ao chegar
Viu o barco e irritou-se Énlil,
De cólera encheu-se contra os deuses Igígi:

Então um vivo escapou! 175
Não era para sobreviver nenhum homem à destruição!
Ninurta abriu sua boca para falar,
Disse ao guerreiro Énlil:

E quem senão Ea tal coisa engendraria?
Ea conhece de todo os ardis! 180

Ea abriu sua boca para falar,
Disse ao guerreiro Énlil:

Tu, sábio dentre os deuses, guerreiro,
Como é que não ponderaste e o dilúvio impuseste?
Ao dono da falta imputa-lhe o erro,   185
Ao dono da ofensa imputa-lhe a ofensa,
Afrouxa, para que não se rompa, puxa, para que não
    se afrouxe!

Em vez de impor o dilúvio,
Um leão surgisse e o povo reduzisse;
Em vez de impor o dilúvio,   190
Um lobo surgisse e o povo reduzisse;

Em vez de impor o dilúvio,
Uma fome se erguesse e o povo matasse;
Em vez de impor o dilúvio,
Erra surgisse e o povo matasse![70]   195

Eu não revelei o segredo dos grandes deuses:
Ao Supersábio um sonho fiz ter e o segredo dos deuses
    ele ouviu.
Agora o caso dele pondera.

Subiu Énlil ao coração do barco,
Pegou-me as mãos e levou para fora a mim,   200
Fez sair e ajoelhar-se minha mulher a meu lado,
Tocou-nos a fronte, posto entre os dois, para nos abençoar:

---

[70] Erra é o deus da guerra, da caça e das pragas.

Antes Uta-napíshti era parte da humanidade,
Agora Uta-napíshti e sua mulher se tornem como nós,
   os deuses!
Resida Uta-napíshti ao longe, na boca dos rios! 205
Levaram-nos para longe, na boca dos rios puseram-nos.

A prova de Gilgámesh

Agora, para ti, quem os deuses reunirá,
Para a vida que buscas poderes encontrar?

Eia! Não durmas seis dias e sete noites!
Como se sentasse ele dobrado ao regaço, 210
O sono, como névoa, soprou-lhe sobre.

Uta-napíshti a ela falou, a sua esposa:
Vê o moço que pedia a vida,
O sono, como névoa, soprou-lhe sobre!

Sua esposa a ele falou, a Uta-napíshti, o distante: 215
Toca-o e acorda o homem,
Pela via que veio retorne a salvo,
Pelo portão que saiu retorne à terra sua!

Uta-napíshti a ela falou, a sua esposa:
Enganosa, a humanidade enganar-te-á. 220
Eia! faze-lhe a refeição diária, põe à sua cabeceira
E os dias que ele dorme na parede anota.

Ela fez-lhe a refeição diária, pôs à sua cabeceira
E os dias que ele dormiu na parede debulhou:
A primeira ficou seca, a sua refeição, 225
A segunda feito couro, a terceira umedecida,

A quarta branqueou, o seu bolo,
A quinta mofada ficou,
A sexta estava fresca,
A sétima nas brasas ---- tocou-o e acordou o homem. 230

Gilgámesh a ele falou, a Uta-napíshti:
Nem bem o sono caiu sobre mim,
Logo roçaste-me e me acordaste tu!

Uta-napíshti a ele falou, a Gilgámesh:
Vai, Gilgámesh, conta tuas refeições 235
E os dias que dormiste saibas tu:
A primeira ficou seca, a tua refeição,

A segunda feito couro, a terceira umedecida,
A quarta branqueou, o seu bolo,
A quinta mofada ficou, a sexta estava fresca, 240
A sétima nas brasas e acordaste tu.

Gilgámesh a ele falou, a Uta-napíshti, o distante:
Que devo fazer, Uta-napíshti, aonde devo ir?
Meu ---- pegou o ladrão,
Em meu quarto de dormir reside a morte 245
E onde minha face se fixe está ela: a morte.

A purificação de Gilgámesh

Uta-napíshti a ele falou, a Ur-shánabi, o barqueiro:
Ur-shánabi, o cais te repila, a embarcação te rejeite!
Tu que lado a outro percorrias, dum e doutro priva-te!

O homem com que vieste, 250

Está coberto de grenhas seu corpo,
Uma pele de leão destrói a beleza de sua carne.

Pega-o, Ur-shánabi, ao lugar de banho leva-o,
Suas grenhas, na água, como as de um purificado ele lave,
Tire ele a pele de leão, leve-a o mar, 255
Molhe bem seu belo corpo,
Mude o pano que tem na cabeça.

Uma roupa ele vista, veste condigna.
Até que chegue a sua cidade,
Até que termine sua rota, 260
A roupa mancha não tenha, mantenha-se nova!

Pegou-o, Ur-shánabi, ao lugar de banho levou-o:
Suas grenhas na água como as de um purificado ele lavou,
Tirou a pele de leão, levou-a o mar,
Molhou bem seu belo corpo. 265

Mudou o pano que tinha na cabeça,
Uma roupa ele vestiu, veste condigna:
Até que chegue a sua cidade,
Até que termine sua rota,
A roupa mancha não tenha, mantenha-se nova! 270

Gilgámesh e Ur-shánabi conduziram-se ao barco,
A embarcação lançaram e eles mesmos a conduziam.

A planta da juventude

A mulher a ele falou, a Uta-napíshti, o distante:
Gilgámesh veio, labutou, esforçou-se,

Que lhe deste para voltar a sua terra? 275

Ele levantou sua estaca, Gilgámesh,
O barco aproximou da margem.

Uta-napíshti a ele falou, a Gilgámesh:
Gilgámesh, vieste, labutaste, esforçaste-te,
O que te darei para voltares a tua terra? 280
Descobrir-te-ei, Gilgámesh, palavras secretas
E um mistério dos deuses a ti falarei:

Há uma planta, ela é como uma espinheira,
Seu espinho é como da rosa silvestre, picará tuas mãos.
Se na planta conseguires pôr a mão, 285

Gilgámesh isso ao ouvir,
Abriu um canal ----
Amarrou pedras pesadas nos pés
E elas empurraram-no para o Apsu ---- 290

Ele pegou a planta e a arrancou ----
Tirou as pedras pesadas dos pés,
O mar o lançou para a margem.

Gilgámesh a ele falou, a Ur-shánabi, o barqueiro:
Ur-shánabi, esta planta é a planta dos batimentos, 295
Com que o coração do homem conquista a vitalidade.
Levá-la-ei ao coração de Úruk, o redil,
Dá-la-ei a um velho, a planta experimentarei.

Seu nome é: mesmo já velho, remoça o homem.
Eu também comê-la-ei e voltarei à minha juventude! 300

O retorno

Às vinte léguas partiram o pão,
Às trinta léguas estenderam a tenda:
Viu Gilgámesh uma cisterna cuja água estava fria,
Entrou-lhe no coração e na água banhou-se.

Uma cobra sentiu o cheiro da planta, 305
Em silêncio chegou e a planta levou:
Ao voltar-se, deixou sua pele.

Neste momento, Gilgámesh sentou e chorou,
Sobre as têmporas vinham-lhe as lágrimas.
[Gilgámesh] falou a Ur-shánabi, o barqueiro: 310
Por quem dos meus, Ur-shánabi, fatigaram-se meus braços?

Por quem meu esgotou-se o sangue de meu coração?
Não obtive nenhum bem para mim mesmo:
Ao leão que rasteja um bem fiz.

Agora a vinte léguas a maré vai subindo. 315
O canal quando abri, larguei nele os instrumentos:
Que encontrarei que como marca me sirva?
Tivesse eu dado a volta e o barco deixado na margem!

Às vinte léguas partiram o pão,
Às trinta léguas estenderam a tenda: 320
Chegaram ao coração de Úruk, o redil.
Gilgámesh a ele fala, a Ur-shánabi, o barqueiro:

Faze a volta, Ur-shánabi, ao alto da muralha de Úruk vai,
Seu fundamento examina, os tijolos observa –

Se seus tijolos não são cozidos,
Se seu alicerce não cimentaram os sete sábios.

Um *shar* é cidade, um *shar* é pomar, um *shar* são poços de
    argila, meio *shar* é a
casa de Ishtar:
Três *sháru* e meio, a extensão de Úruk.

Índice dos nomes próprios

(A REMISSÃO SE FAZ ÀS TABUINHAS E AOS VERSOS)

Ádad (*Adad*) 2: 225, 282, 297; 5: 106; 11: 99, 106

Aia (*Aia*) 3: 56, 74, 86, 99

Antum (*Antu*) 6: 83

Ánu (*Anu*) 1: 80, 210, 217, 242, 248, 262, 270, 293; 2: 43, 163; 6: 87; 7: 79, 196; 11: 15, 115, 165

Anunnákki (*Anunnakki*) 3: 73; 10: 319; 11: 104, 125

Anzu (*Anzû*) 7: 53, 169

Apsu (*Apsû*) 3: 104; 11: 31, 42, 290

Arallu (*Arallû*) 9: 41

Arúru (*Arūru*) 1: 94

Bélet-íli (*Bélet-íli*) 1: 49; 11: 118, 164

Bélet-séri (*Bēlet-ṣēri*) 7: 204

Bíbbu (*Bibbu*) 8: 177-178

Dúmuzi (*Dumuzi*) 6: 46; 8: 149-150

Dúmuzi-ábzu (*Dumuzi-abzu*) 8: 181-182

Ea (*Ea*) 1: 242; 3: 104; 11: 19, 32, 42, 179, 18

Eanna (*e-anna*) 1: 12, 16; 2: 60

Ebabbara (*e-babbara*) 7: 50-52

Enkídu (*Enkīdu*) 1: 103 *et passim*

Énlil (*Enlil*) 1: 242, 295; 2: 240, 219[a], 228, 285, 299; 5: 71, 228, 230, 269, 271, 301, 304; 7: 80, 85, 196; 11: 16, 39, 41, 169, 172-173, 178, 182, 199

Énnugi (*Ennugi*) 11: 18

Eréshkigal (*Ereškigal*) 7: 203; 8: 145-146, 164-165

Erra (*Erra*) 11: 195

Érrakal (*Errakal*) 11: 102

Érsetu (*Erṣetu*) 6: 97; 7: 203-204; 8: 145, 154-155, 159-160, 177-178, 181-182

Etana (*Etāna*) 7: 202

Eufrates (*Purattu*) 5: 318; 6: 167; 8: 19, 176

Gilgámesh (*Gilgāmeš*) 1: 3 *et passim*

Hánish (*Haniš*) 11: 100

Humbaba (*Humbāba*) 2: 221, 262, 291; 3: 25, 48, 53, 87, 92, 93, 204, 211; 4: 31, 157, 216; 5: 4 *et passim*; 8: 54; 10: 33, 37, 130, 230

Húshbishag (*Hušbišag*) 8: 159-160

Igígi (*Igīgi*) 2: 226, 283, 296; 11: 174

Irkalla (*Irkalla*) 7: 184

Írnina (*Irnina*) 3: 105

Ishara (*Išāra*) 2: 109

Ishtar (*Ištar*) 1: 16, 210, 217; 6: 6 *et passim*; 8: 134, 136, 149-150

Ishullánu (*Išullānu*) 6: 64 ss

Larsa (*Larsa*) 5: 230, 271

Líbano, Monte (*Labnānu*) 4: 4, 37, 82, 124

Lugalbanda, (*Lugalbanda*) 1: 35; 6: 165

Mammítum (*Mammītum*) 10: 320

Marduk (*Marduk*) 3: 167

Máshu (*Mašu*) 9: 37-38

Námra-sit (*Namra-ṣit*) 8: 141

Namtar (*Namtār*) 8: 154-155

Nímush (*Nimuš*) 11: 142-146

Ningíshzida (*Ningišzida*) 3: 106

Ninshuluhhatumma (*Ninšuluhhatumma*) 8: 171-172

Nínsun (*Ninsun*) 1: 36, 260, 287; 2: 167, 271; 3: 15 *et passim*; 5: 190

Ninurta (*Ninurta*) 1: 104; 11: 17, 103

Níppur (*Nippur*) 5: 230, 271, 304, 318, 319

Níssaba (*Nissaba*) 1: 60, 107;

Nudímmud (*Nudimmud*) 1: 50

Púzur-Énlil (*Puzur-Enlil*) 11: 95

Qassa-tábat (*Qāssa-ṭābat*) 8: 164-165

Shákkan (*Šakkan*) 1: 109; 7: 202

Shámash (*Šamaš*) 1: 241; 3: 44, 45, 63, 88, 95, 100, 101, 107, 116, 205; 4: 5, 33, 38, 78, 83, 125, 162, 166; 5: 87, 89-92, 95, 181, 191, 230, 256, 257, 271, 274,

275; 6: 148-149; 7: 51 *et passim*; 8: 136 ss; 9: 39 *et passim*; 10: 81-82; 11: 76-77, 87

Shámhat (Šamhat) 1: 140, 162, 167, 178, 180, 188, 194, 216, 299; 2: 33; 7: 101-102, 134, 151

Shidúri (Šidūri) 10: 1

Shullat (Šulat) 11: 100

Shurúppak (Šuruppak) 11: 11, 23

Silíli (*Silīli*) 6: 57

Sin (*Sîn*) 3: 103; 9: 10, 14, 24; 10: 281-282

Sirara (*Sirara*) 5: 178

Ubara-tútu (*Ubār-tutu*) 9: 6; 10: 208; 11: 23

Ulaia (*Ulaia*) 8: 18

Ur-shánabi (*Ur-šanabi*) 10: 87, 98, 109, 112, 119, 149-150, 155, 169, 172-173; 11: 247-248, 253, 262, 271, 294-295, 310-311, 322-323

Úruk (*Uruk*) 1: 11 *et passim*

Uta-napíshti (Ūta-napišti) 1: 42; 9: 6, 75; 10: 73, 87, 150, 184, 207-208, 249-250, 266; 11: 1 *et passim*

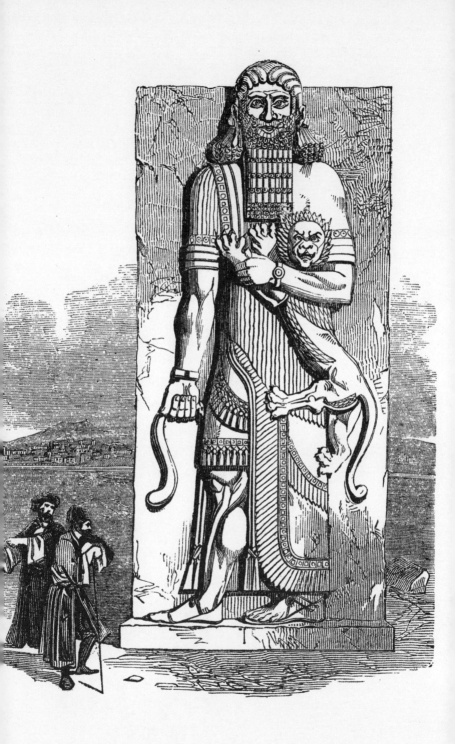

Sobre o tradutor

Jacyntho Lins Brandão é professor emérito da Universidade Federal de Minas Gerais, onde lecionou língua e literatura grega de 1977 a 2018, tendo exercido ainda os cargos de diretor da Faculdade de Letras e vice-reitor. Doutor em Letras Clássicas pela Universidade de São Paulo, é sócio-fundador da Sociedade Brasileira de Estudos Clássicos, da qual foi o primeiro secretário, além de presidente e tesoureiro. Foi professor-visitante da Universidade de Aveiro, em Portugal. Atualmente, é professor-visitante da Universidade Federal de Ouro Preto e membro da Academia Mineira de Letras. Vive em Belo Horizonte. É casado com Magda Guadalupe dos Santos, tem três filhos e quatro netos.

É autor dos ensaios *A poética do hipocentauro* (Editora UFMG, 2001), *A invenção do romance* (Editora UnB, 2005), *Em nome da (in)diferença* (Editora Unicamp, 2014), *Antiga musa: arqueologia da ficção* (Relicário, 2015), bem como de obras de ficção: *Relicário* (José Olympio, 1982), *O fosso de Babel* (Nova Fronteira, 1997), *Que venha a Senhora Dona* (Tessitura, 2007), *Mais (um) nada* (Quixote+Do, 2020). Traduziu do grego *Como se deve escrever a história*, de Luciano de Samósata (Tessitura, 2009), bem como, do acádio, *Ao Kurnugu, terra sem retorno: descida de Ishtar ao mundo dos mortos* (Kotter, 2019).

Pela Editora Autêntica publicou, em 2017, *Ele que o abismo viu: epopeia de Gilgámesh*, tradução do acádio acompanhada de extensos comentários ao texto.

Osama Shukir Muhammed Amin/Wikimedia Commons

Esta edição do *Gilgámesh* foi impressa para a Autêntica
pela gráfica Santa Marta em novembro de 2024, no ano em que se celebram

c. 4700 anos do reinado de Gilgámesh em Úruk (c.2700 a.C.);
c. 4100 anos dos primeiros textos sobre Gilgámesh (c.2100 a.C.);
c. 4000 anos da mais antiga tabuinha com textos sobre Gilgámesh (c.2000 a.C.);
c. 3800 anos da versão babilônica Proeminente entre os reis (c.1800 a.C.);
c. 3500 anos das traduções para o hurrita e o hitita dos poemas de Gilgámesh (c.1500 a.C.);
c. 3300 anos da versão de Sin-léqi-unnínni (c.1300 a.C.);
c. 2800 anos de Hesíodo (séc.VIII a.C.);
c. 2800 anos de Homero (séc.VIII a.C.);
c. 2500 anos dos mais antigos textos bíblicos (séc.VI a.C.);
2125 anos de Julio Caesar (102-44 a.C.);
2093 anos de Virgílio (70-19 a.C.);
2088 anos de Horácio (65-8 a.C.);
2066 anos de Ovídio (43 a.C.-18 d.C.);
2024 anos do fim do uso da escrita cuneiforme (1 d.C.)
e
27 anos da fundação da Autêntica (1997).

O papel do miolo é Off-White 90g/m².
A tipografia é a Adobe Garamond.